I0197086

THAILÄNDISCH
WORTSCHATZ

DEUTSCH
THAILÄNDISCH

Die nützlichsten Wörter
Zur Erweiterung Ihres Wortschatzes und
Verbesserung der Sprachfertigkeit

5000 Wörter

Wortschatz Deutsch-Thailändisch für das Selbststudium - 5000 Wörter

Von Andrey Taranov

T&P Books Vokabelbücher sind dafür vorgesehen, beim Lernen einer Fremdsprache zu helfen, Wörter zu memorieren und zu wiederholen. Das Wörterbuch ist nach Themen aufgeteilt und deckt alle wichtigen Bereiche des täglichen Lebens, Berufs, Wissenschaft, Kultur etc. ab.

Durch das Benutzen der themenbezogenen T&P Books ergeben sich folgende Vorteile für den Lernprozess:

- Sachgemäß geordnete Informationen bestimmen den späteren Erfolg auf den darauffolgenden Stufen der Memorisierung
- Die Verfügbarkeit von Wörtern, die sich aus der gleichen Wurzel ableiten lassen, erlaubt die Memorisierung von Worteinheiten (mehr als bei einzeln stehenden Wörtern)
- Kleine Worteinheiten unterstützen den Aufbauprozess von assoziativen Verbindungen für die Festigung des Wortschatzes
- Die Kenntnis der Sprache kann aufgrund der Anzahl der gelernten Wörter eingeschätzt werden

T&P Books Publishing
www.tpbooks.com

ISBN: 978-1-78767-250-5

Dieses Buch ist auch im E-Book Format erhältlich.
Besuchen Sie uns auch auf www.tpbooks.com oder auf einer der bedeutenden Buchhandlungen online.

WORTSCHATZ DEUTSCH-THAILÄNDISCH
für das Selbststudium

Die Vokabelbücher von T&P Books sind dafür vorgesehen, Ihnen beim Lernen einer Fremdsprache zu helfen, Wörter zu memorieren und zu wiederholen. Der Wortschatz enthält über 5000 häufig gebrauchte, thematisch geordnete Wörter.

- Der Wortschatz enthält die am häufigsten benutzten Wörter
- Eignet sich als Ergänzung zu jedem Sprachkurs
- Erfüllt die Bedürfnisse von Anfängern und fortgeschrittenen Lernenden von Fremdsprachen
- Praktisch für den täglichen Gebrauch, zur Wiederholung und um sich selbst zu testen
- Ermöglicht es, Ihren Wortschatz einzuschätzen

Besondere Merkmale des Wortschatzes:

- Wörter sind entsprechend ihrer Bedeutung und nicht alphabetisch organisiert
- Wörter werden in drei Spalten präsentiert, um das Wiederholen und den Selbstüberprüfungsprozess zu erleichtern
- Wortgruppen werden in kleinere Einheiten aufgespalten, um den Lernprozess zu fördern
- Der Wortschatz bietet eine praktische und einfache Lautschrift jedes Wortes der Fremdsprache

Der Wortschatz hat 155 Themen, einschließlich:

Grundbegriffe, Zahlen, Farben, Monate, Jahreszeiten, Maßeinheiten, Kleidung und Accessoires, Essen und Ernährung, Restaurant, Familienangehörige, Verwandte, Charaktereigenschaften, Empfindungen, Gefühle, Krankheiten, Großstadt, Kleinstadt, Sehenswürdigkeiten, Einkaufen, Geld, Haus, Zuhause, Büro, Import & Export, Marketing, Arbeitssuche, Sport, Ausbildung, Computer, Internet, Werkzeug, Natur, Länder, Nationalitäten und vieles mehr...

INHALT

LEITFADEN FÜR DIE AUSSPRACHE

T&P phonetisches Alphabet	Thailändisch Beispiel	Deutsch Beispiel

Vokale

[a]	ห้า [hâ:] – hâa	schwarz
[e]	เป็นลม [pen lom] – bpen lom	Pferde
[i]	วินัย [wíʔ naj] – wí–nai	ihr, finden
[o]	โกน [ko:n] – gohn	orange
[u]	ขุนเคือง [kʰùn kʰɯ:aŋ] – khùn kheuang	kurz
[aa]	ราคา [ra: kʰa:] – raa–khaa	Zahlwort
[oo]	ภูมิใจ [pʰu:m tɕaj] – phoom jai	Zufall
[ee]	บัญชี [ban tɕʰi:] – ban–chee	Wieviel
[eu]	เดือน [dɯ:an] – deuan	Ungerundeter geschlossener Hinterzungenvokal
[er]	เงิน [ŋɤn] – ngern	Ungerundeter halbgeschlossener Hinterzungenvokal
[ae]	แปล [plɛ:] – bplae	verschütten
[ay]	เลข [lê:k] – lâyk	Wildleder
[ai]	ไปป์ [paj] – bpai	Reihe
[oi]	โพย [pʰo:j] – phoi	Werkzeug
[ya]	สัญญา [săn ja:] – săn–yaa	Jacke
[oie]	อบเชย [ʔòp tɕʰɤ:j] – òp–choie	Kombination [ə:i]
[ieo]	หน้าเชียว [nâ: si:aw] – nâa sieow	Kia Motors

Silbenanfang

[b]	บาง [ba:ŋ] – baang	Brille
[d]	สีแดง [sĭ: dɛ:ŋ] – sĕe daeng	Detektiv
[f]	มันฝรั่ง [man fà ràŋ] – man fà–ràng	fünf
[h]	เฮลซิงกิ [he:n siŋ kìʔ] – hayn–sing–gì	brauchbar
[y]	ยี่สิบ [jî: sìp] – yêe sìp	Jacke
[g]	กรง [kroŋ] – grorng	gelb
[kh]	เลขา [le: kʰă:] – lay–khăa	Flughafen
[l]	เล็ก [lék] – lék	Juli
[m]	เมลอน [me: lɔ:n] – may–lorn	Mitte
[n]	หนัง [năŋ] – năng	nicht
[ng]	เงือก [ŋɯ:ak] – ngêuak	Känguru
[bp]	เป็น [pen] – bpen	Polizei
[ph]	เผา [pʰăw] – phăo	Abhang
[r]	เบอร์รี่ [bɤ: rî:] – ber–rêe	richtig
[s]	ซ้อน [sôn] – sôrn	sein

T&P phonetisches Alphabet	Thailändisch Beispiel	Deutsch Beispiel
[dt]	ดนตรี [don tri:] – don–dtree	still
[j]	ปั้นจั่น [pân tɕàn] – bpân jàn	ähnlich wie tch oder tj in Brötchen oder tja

Silbenende

[k]	แม่เหล็ก [mɛ: lèk] – mâe lèk	Kalender
[m]	เพิ่ม [pʰɤːm] – phêrm	Mitte
[n]	เนียน [ni:an] – nian	nicht
[ng]	เป็นห่วง [pen hùːaŋ] – bpen hùang	Känguru
[p]	ไม่ขยับ [mâj kʰà ja p] – mâi khà–yàp	Polizei
[t]	ลูกเป็ด [lûːk pèt] – lôok bpèt	still

Anmerkungen

Mittel Ton - [ā] การดูคน [gaan khon]
Tief Ton - [à] แจกจ่าย [jàek jàai]
Fallend Ton - [â] แต่ม [dtâem]
Hoch Ton - [á] แซ็กโซโฟน [sáek-soh-fohn]
Steigend Ton - [ă] เนินเขา [nern khăo]

ABKÜRZUNGEN
die im Vokabular verwendet werden

Deutsch. Abkürzungen

Adj	-	Adjektiv
Adv	-	Adverb
Amtsspr.	-	Amtssprache
f	-	Femininum
f, n	-	Femininum, Neutrum
Fem.	-	Femininum
m	-	Maskulinum
m, f	-	Maskulinum, Femininum
m, n	-	Maskulinum, Neutrum
Mask.	-	Maskulinum
n	-	Neutrum
pl	-	Plural
Sg.	-	Singular
ugs.	-	umgangssprachlich
unzähl.	-	unzählbar
usw.	-	und so weiter
v mod	-	Modalverb
vi	-	intransitives Verb
vi, vt	-	intransitives, transitives Verb
vt	-	transitives Verb
zähl.	-	zählbar
z.B.	-	zum Beispiel

GRUNDBEGRIFFE

Grundbegriffe. Teil 1

1. Pronomen

du	คุณ	khun
er	เขา	khăo
sie	เธอ	ther
es	มัน	man
wir	เรา	rao
ihr	คุณทั้งหลาย	khun tháng lăai
Sie (Sg.)	คุณ	khun
Sie (pl)	คุณทั้งหลาย	khun tháng lăai
sie (Mask.)	เขา	khăo
sie (Fem.)	เธอ	ther

2. Grüße. Begrüßungen. Verabschiedungen

Hallo! (ugs.)	สวัสดี!	sà-wàt-dee
Hallo! (Amtsspr.)	สวัสดี ครับ/ค่ะ!	sà-wàt-dee khráp/khâ
Guten Morgen!	อรุณสวัสดี!	a-run sà-wàt
Guten Tag!	สวัสดีตอนบ่าย	sà-wàt-dee dtorn-bàai
Guten Abend!	สวัสดีตอนค่ำ	sà-wàt-dee dtorn-khâm
grüßen (vi, vt)	ทักทาย	thák thaai
Hallo! (ugs.)	สวัสดี!	sà-wàt-dee
Gruß (m)	คำทักทาย	kham thák thaai
begrüßen (vt)	ทักทาย	thák thaai
Wie geht es Ihnen?	คุณสบายดีไหม?	khun sà-baai dee măi
Wie geht's dir?	สบายดีไหม?	sà-baai dee măi
Was gibt es Neues?	มีอะไรใหม?	mee à-rai mài
Auf Wiedersehen!	ลาก่อน!	laa gòrn
Wiedersehen! Tschüs!	บาย!	baai
Bis bald!	พบกันใหม่	phóp gan mài
Lebe wohl!	ลาก่อน!	laa gòrn
Leben Sie wohl!	สวัสดี!	sà-wàt-dee
sich verabschieden	บอกลา	bòrk laa
Tschüs!	ลาก่อน!	laa gòrn
Danke!	ขอบคุณ!	khòrp khun
Dankeschön!	ขอบคุณมาก!	khòrp khun mâak
Bitte (Antwort)	ยินดีช่วย	yin dee chûay
Keine Ursache.	ไม่เป็นไร	mâi bpen rai
Nichts zu danken.	ไม่เป็นไร	mâi bpen rai

Entschuldige!	ขอโทษที!	khŏr thôht thee
Entschuldigung!	ขอโทษ ครับ/ค่ะ!	khŏr thôht khráp / khâ
entschuldigen (vt)	ให้อภัย	hâi a-phai
sich entschuldigen	ขอโทษ	khŏr thôht
Verzeihung!	ขอโทษ	khŏr thôht
Es tut mir leid!	ขอโทษ!	khŏr thôht
verzeihen (vt)	อภัย	a-phai
Das macht nichts!	ไม่เป็นไร!	mâi bpen rai
bitte (Die Rechnung, ~!)	โปรด	bpròht
Nicht vergessen!	อย่าลืม!	yàa leum
Natürlich!	แน่นอน!	nâe norn
Natürlich nicht!	ไม่ใช่แน่!	mâi châi nâe
Gut! Okay!	โอเค!	oh-khay
Es ist genug!	พอแล้ว	phor láew

3. Jemanden ansprechen

Entschuldigen Sie!	ขอโทษ	khŏr thôht
Herr	ท่าน	thâan
Frau	คุณ	khun
Frau (Fräulein)	คุณ	khun
Junger Mann	พ่อหนุ่ม	phôr nùm
Junge	หนู	nŏo
Mädchen	หนู	nŏo

4. Grundzahlen. Teil 1

null	ศูนย์	sŏon
eins	หนึ่ง	nèung
zwei	สอง	sŏrng
drei	สาม	săam
vier	สี่	sèe
fünf	ห้า	hâa
sechs	หก	hòk
sieben	เจ็ด	jèt
acht	แปด	bpàet
neun	เก้า	gâo
zehn	สิบ	sìp
elf	สิบเอ็ด	sìp èt
zwölf	สิบสอง	sìp sŏrng
dreizehn	สิบสาม	sìp săam
vierzehn	สิบสี่	sìp sèe
fünfzehn	สิบห้า	sìp hâa
sechzehn	สิบหก	sìp hòk
siebzehn	สิบเจ็ด	sìp jèt
achtzehn	สิบแปด	sìp bpàet
neunzehn	สิบเก้า	sìp gâo

zwanzig	ยี่สิบ	yêe sìp
einundzwanzig	ยี่สิบเอ็ด	yêe sìp èt
zweiundzwanzig	ยี่สิบสอง	yêe sìp sŏrng
dreiundzwanzig	ยี่สิบสาม	yêe sìp săam

dreißig	สามสิบ	săam sìp
einunddreißig	สามสิบเอ็ด	săam-sìp-èt
zweiunddreißig	สามสิบสอง	săam-sìp-sŏrng
dreiunddreißig	สามสิบสาม	săam-sìp-săam

vierzig	สี่สิบ	sèe sìp
einundvierzig	สี่สิบเอ็ด	sèe-sìp-èt
zweiundvierzig	สี่สิบสอง	sèe-sìp-sŏrng
dreiundvierzig	สี่สิบสาม	sèe-sìp-săam

fünfzig	ห้าสิบ	hâa sìp
einundfünfzig	ห้าสิบเอ็ด	hâa-sìp-èt
zweiundfünfzig	ห้าสิบสอง	hâa-sìp-sŏrng
dreiundfünfzig	หาสิบสาม	hâa-sìp-săam

sechzig	หกสิบ	hòk sìp
einundsechzig	หกสิบเอ็ด	hòk-sìp-èt
zweiundsechzig	หกสิบสอง	hòk-sìp-sŏrng
dreiundsechzig	หกสิบสาม	hòk-sìp-săam

siebzig	เจ็ดสิบ	jèt sìp
einundsiebzig	เจ็ดสิบเอ็ด	jèt-sìp-èt
zweiundsiebzig	เจ็ดสิบสอง	jèt-sìp-sŏrng
dreiundsiebzig	เจ็ดสิบสาม	jèt-sìp-săam

achtzig	แปดสิบ	bpàet sìp
einundachtzig	แปดสิบเอ็ด	bpàet-sìp-èt
zweiundachtzig	แปดสิบสอง	bpàet-sìp-sŏrng
dreiundachtzig	แปดสิบสาม	bpàet-sìp-săam

neunzig	เก้าสิบ	gâo sìp
einundneunzig	เก้าสิบเอ็ด	gâo-sìp-èt
zweiundneunzig	เก้าสิบสอง	gâo-sìp-sŏrng
dreiundneunzig	เกาสิบสาม	gâo-sìp-săam

5. Grundzahlen. Teil 2

einhundert	หนึ่งร้อย	nèung rói
zweihundert	สองร้อย	sŏrng rói
dreihundert	สามร้อย	săam rói
vierhundert	สี่ร้อย	sèe rói
fünfhundert	หาร้อย	hâa rói

sechshundert	หกร้อย	hòk rói
siebenhundert	เจ็ดร้อย	jèt rói
achthundert	แปดร้อย	bpàet rói
neunhundert	เก้าร้อย	gâo rói
eintausend	หนึ่งพัน	nèung phan
zweitausend	สองพัน	sŏrng phan

dreitausend	สามพัน	sǎam phan
zehntausend	หนึ่งหมื่น	nèung mèun
hunderttausend	หนึ่งแสน	nèung sǎen
Million (f)	ล้าน	láan
Milliarde (f)	พันล้าน	phan láan

6. Ordnungszahlen

der erste	แรก	râek
der zweite	ที่สอง	thêe sǒrng
der dritte	ที่สาม	thêe sǎam
der vierte	ที่สี่	thêe sèe
der fünfte	ที่หา	thêe hâa

der sechste	ที่หก	thêe hòk
der siebte	ที่เจ็ด	thêe jèt
der achte	ที่แปด	thêe bpàet
der neunte	ที่เกา	thêe gâo
der zehnte	ที่สิบ	thêe sìp

7. Zahlen. Brüche

Bruch (m)	เศษส่วน	sàyt sùan
Hälfte (f)	หนึ่งส่วนสอง	nèung sùan sǒrng
Drittel (n)	หนึ่งส่วนสาม	nèung sùan sǎam
Viertel (n)	หนึ่งส่วนสี่	nèung sùan sèe

Achtel (m, n)	หนึ่งส่วนแปด	nèung sùan bpàet
Zehntel (n)	หนึ่งส่วนสิบ	nèung sùan sìp
zwei Drittel	สองส่วนสาม	sǒrng sùan sǎam
drei Viertel	สามสวนสี่	sǎam sùan sèe

8. Zahlen. Grundrechenarten

Subtraktion (f)	การลบ	gaan lóp
subtrahieren (vt)	ลบ	lóp
Division (f)	การหาร	gaan hǎan
dividieren (vt)	หาร	hǎan
Addition (f)	การบวก	gaan bùak
addieren (vt)	บวก	bùak
hinzufügen (vt)	เพิ่ม	phêrm
Multiplikation (f)	การคูณ	gaan khon
multiplizieren (vt)	คูณ	khoon

9. Zahlen. Verschiedenes

| Ziffer (f) | ตัวเลข | dtua lâyk |
| Zahl (f) | เลข | lâyk |

Zahlwort (n)	ตัวเลข	dtua lâyk
Minus (n)	เครื่องหมายลบ	khrêuang mǎai lóp
Plus (n)	เครื่องหมายบวก	khrêuang mǎai bùak
Formel (f)	สูตร	sòot

Berechnung (f)	การนับ	gaan náp
zählen (vt)	นับ	náp
berechnen (vt)	นับ	náp
vergleichen (vt)	เปรียบเทียบ	bprìap thîap

| Wie viel? | เท่าไหร่? | thâo rài |
| Wie viele? | กี่...? | gèe...? |

Summe (f)	ผลรวม	phǒn ruam
Ergebnis (n)	ผลลัพธ์	phǒn láp
Rest (m)	ที่เหลือ	thêe lěua

einige (~ Tage)	สองสาม	sǒrng sǎam
wenig (Adv)	นิดหน่อย	nít nòi
einige, ein paar	น้อย	nói

Übrige (n)	ที่เหลือ	thêe lěua
anderthalb	หนึ่งครึ่ง	nèung khrêung
Dutzend (n)	โหล	lǒh

entzwei (Adv)	เป็นสองส่วน	bpen sǒrng sùan
zu gleichen Teilen	เท่าเทียมกัน	thâo thiam gan
Hälfte (f)	ครึ่ง	khrêung
Mal (n)	ครั้ง	khráng

10. Die wichtigsten Verben. Teil 1

abbiegen (nach links ~)	เลี้ยว	líeow
abschicken (vt)	ส่ง	sòng
ändern (vt)	เปลี่ยน	bplìan
andeuten (vt)	บอกใบ้	bòrk bâi
Angst haben	กลัว	glua

ankommen (vi)	มา	maa
antworten (vi)	ตอบ	dtòrp
arbeiten (vi)	ทำงาน	tham ngaan
auf ... zählen	พึ่งพา	phêung phaa
aufbewahren (vt)	รักษา	rák-sǎa

aufschreiben (vt)	จด	jòt
ausgehen (vi)	ออกไป	òrk bpai
aussprechen (vt)	ออกเสียง	òrk sǐang
bedauern (vt)	เสียใจ	sǐa jai
bedeuten (vt)	หมาย	mǎai
beenden (vt)	จบ	jòp

befehlen (Milit.)	สั่งการ	sàng gaan
befreien (Stadt usw.)	ปลดปล่อย	bplòt bplòi
beginnen (vt)	เริ่ม	rêrm

16

bemerken (vt)	สังเกต	săng-gàyt
beobachten (vt)	สังเกตการณ์	săng-gàyt gaan
berühren (vt)	แตะต้อง	dtàe dtôrng
besitzen (vt)	เป็นเจ้าของ	bpen jâo khŏrng
besprechen (vt)	หารือ	hăa-reu
bestehen auf	ยืนยัน	yeun yan
bestellen (im Restaurant)	สั่ง	sàng
bestrafen (vt)	ลงโทษ	long thôht
beten (vi)	ภาวนา	phaa-wá-naa
bitten (vt)	ขอ	khŏr
brechen (vt)	แตก	dtàek
denken (vi, vt)	คิด	khít
drohen (vi)	ขู่	khòo
Durst haben	กระหายน้ำ	grà-hăai náam
einladen (vt)	เชิญ	chern
einstellen (vt)	หยุด	yùt
einwenden (vt)	ค้าน	kháan
empfehlen (vt)	แนะนำ	náe nam
erklären (vt)	อธิบาย	à-thí-baai
erlauben (vt)	อนุญาต	a-nú-yâat
ermorden (vt)	ฆ่า	khâa
erwähnen (vt)	กล่าวถึง	glàao thĕung
existieren (vi)	มีอยู่	mee yòo

11. Die wichtigsten Verben. Teil 2

fallen (vi)	ตก	dtòk
fallen lassen	ทิ้งให้ตก	thíng hâi dtòk
fangen (vt)	จับ	jàp
finden (vt)	พบ	phóp
fliegen (vi)	บิน	bin
folgen (Folge mir!)	ไปตาม...	bpai dtaam...
fortsetzen (vt)	ทำต่อไป	tham dtòr bpai
fragen (vt)	ถาม	thăam
frühstücken (vi)	ทานอาหารเช้า	thaan aa-hăan cháo
geben (vt)	ให้	hâi
gefallen (vi)	ชอบ	chôrp
gehen (zu Fuß gehen)	ไป	bpai
gehören (vi)	เป็นของของ...	bpen khŏrng khŏrng...
graben (vt)	ขุด	khùt
haben (vt)	มี	mee
helfen (vi)	ช่วย	chûay
herabsteigen (vi)	ลง	long
hereinkommen (vi)	เข้า	khâo
hoffen (vi)	หวัง	wăng
hören (vt)	ได้ยิน	dâai yin

17

hungrig sein	หิว	hǐw
informieren (vt)	แจ้ง	jâeng
jagen (vi)	ลา	lâa

kennen (vt)	รู้จัก	róo jàk
klagen (vi)	บน	bòn
können (v mod)	สามารถ	sǎa-mâat
kontrollieren (vt)	ควบคุม	khûap khum
kosten (vt)	ราคา	raa-khaa

kränken (vt)	ดูถูก	doo thòok
lächeln (vi)	ยิ้ม	yím
lachen (vi)	หัวเราะ	hǔa rór
laufen (vi)	วิ่ง	wîng
leiten (Betrieb usw.)	บริหาร	bor-rí-hǎan

lernen (vt)	เรียน	rian
lesen (vi, vt)	อ่าน	àan
lieben (vt)	รัก	rák
machen (vt)	ทำ	tham

mieten (Haus usw.)	เช่า	châo
nehmen (vt)	เอา	ao
noch einmal sagen	ซ้ำ	sám
nötig sein	ต้องการ	dtôrng gaan
öffnen (vt)	เปิด	bpèrt

12. Die wichtigsten Verben. Teil 3

planen (vt)	วางแผน	waang phǎen
prahlen (vi)	โอ้อวด	ôh ùat
raten (vt)	แนะนำ	náe nam
rechnen (vt)	นับ	náp
reservieren (vt)	จอง	jorng

retten (vt)	กู้	gôo
richtig raten (vt)	คาดเดา	khâat dao
rufen (um Hilfe ~)	เรียก	rîak
sagen (vt)	บอก	bòrk
schaffen (Etwas Neues zu ~)	สราง	sâang

schelten (vt)	ดุด่า	dù dàa
schießen (vi)	ยิง	ying
schmücken (vt)	ประดับ	bprà-dàp
schreiben (vi, vt)	เขียน	khǐan
schreien (vi)	ตะโกน	dtà-gohn

schweigen (vi)	นิ่งเงียบ	nîng ngîap
schwimmen (vi)	ว่ายน้ำ	wâai náam
schwimmen gehen	ไปว่ายน้ำ	bpai wâai náam
sehen (vi, vt)	เห็น	hěn

sein (vi)	เป็น	bpen
sich beeilen	รีบ	rêep

sich entschuldigen	ขอโทษ	khǒr thôht
sich interessieren	สนใจใน	sǒn jai nai
sich irren	ทำผิด	tham phìt
sich setzen	นั่ง	nâng
sich weigern	ปฏิเสธ	bpà-dtì-sàyt
spielen (vi, vt)	เล่น	lên

sprechen (vi)	พูด	phôot
staunen (vi)	ประหลาดใจ	bprà-làat jai
stehlen (vt)	ขโมย	khà-moi
stoppen (vt)	หยุด	yùt
suchen (vt)	หา	hǎa

13. Die wichtigsten Verben. Teil 4

täuschen (vt)	หลอก	lòrk
teilnehmen (vi)	มีส่วนร่วม	mee sùan rûam
übersetzen (Buch usw.)	แปล	bplae
unterschätzen (vt)	ดูถูก	doo thòok
unterschreiben (vt)	ลงนาม	long naam

vereinigen (vt)	สมาน	sà-mǎan
vergessen (vt)	ลืม	leum
vergleichen (vt)	เปรียบเทียบ	bprìap thîap
verkaufen (vt)	ขาย	khǎai
verlangen (vt)	เรียกร้อง	rîak rórng

versäumen (vt)	พลาด	phlâat
versprechen (vt)	สัญญา	sǎn-yaa
verstecken (vt)	ซ่อน	sôrn
verstehen (vt)	เข้าใจ	khâo jai
versuchen (vt)	พยายาม	phá-yaa-yaam

verteidigen (vt)	ปกป้อง	bpòk bpôrng
vertrauen (vi)	เชื่อ	chêua
verwechseln (vt)	สับสน	sàp sǒn
verzeihen (vi, vt)	ให้อภัย	hâi a-phai
verzeihen (vt)	ให้อภัย	hâi a-phai
voraussehen (vt)	คาดหวัง	khâat wǎng

vorschlagen (vt)	เสนอ	sà-něr
vorziehen (vt)	ชอบ	chôrp
wählen (vt)	เลือก	lêuak
warnen (vt)	เตือน	dteuan
warten (vi)	รอ	ror
weinen (vi)	ร้องไห้	rórng hâi

wissen (vt)	รู้	róo
Witz machen	ล้อเล่น	lór lên
wollen (vt)	ต้องการ	dtôrng gaan
zahlen (vt)	จ่าย	jàai
zeigen (jemandem etwas)	แสดง	sà-daeng
zu Abend essen	ทานอาหารเย็น	thaan aa-hǎan yen
zu Mittag essen	ทานอาหารเที่ยง	thaan aa-hǎan thîang

zubereiten (vt)	ทำอาหาร	tham aa-hǎan
zustimmen (vi)	เห็นด้วย	hěn dûay
zweifeln (vi)	สงสัย	sǒng-sǎi

14. Farben

Farbe (f)	สี	sěe
Schattierung (f)	สีอ่อน	sěe òrn
Farbton (m)	สีสัน	sěe sǎn
Regenbogen (m)	สายรุ้ง	sǎai rúng
weiß	สีขาว	sěe khǎao
schwarz	สีดำ	sěe dam
grau	สีเทา	sěe thao
grün	สีเขียว	sěe khǐeow
gelb	สีเหลือง	sěe lěuang
rot	สีแดง	sěe daeng
blau	สีน้ำเงิน	sěe nám ngern
hellblau	สีฟ้า	sěe fáa
rosa	สีชมพู	sěe chom-poo
orange	สีส้ม	sěe sôm
violett	สีม่วง	sěe mûang
braun	สีน้ำตาล	sěe nám dtaan
golden	สีทอง	sěe thorng
silbrig	สีเงิน	sěe ngern
beige	สีน้ำตาลอ่อน	sěe nám dtaan òrn
cremefarben	สีครีม	sěe khreem
türkis	สีเขียวแกมน้ำเงิน	sěe khǐeow gaem náam ngern
kirschrot	สีแดงเชอร์รี่	sěe daeng cher-rêe
lila	สีม่วงอ่อน	sěe mûang-òrn
himbeerrot	สีแดงเข้ม	sěe daeng khâym
hell	อ่อน	òrn
dunkel	แก่	gàe
grell	สด	sòt
Farb- (z.B. -stifte)	สี	sěe
Farb- (z.B. -film)	สี	sěe
schwarz-weiß	ขาวดำ	khǎao-dam
einfarbig	สีเดียว	sěe dieow
bunt	หลากสี	làak sěe

15. Fragen

Wer?	ใคร?	khrai
Was?	อะไร?	a-rai
Wo?	ที่ไหน?	thêe nǎi

Wohin?	ที่ไหน?	thêe năi
Woher?	จากที่ไหน?	jàak thêe năi
Wann?	เมื่อไหร่?	mêua rài
Wozu?	ทำไม?	tham-mai
Warum?	ทำไม?	tham-mai

Wofür?	เพื่ออะไร?	phêua a-rai
Wie?	อย่างไร?	yàang rai
Welcher?	อะไร?	a-rai

Wem?	สำหรับใคร?	săm-ràp khrai
Über wen?	เกี่ยวกับใคร?	gìeow gàp khrai
Wovon? (~ sprichst du?)	เกี่ยวกับอะไร?	gìeow gàp a-rai
Mit wem?	กับใคร?	gàp khrai

Wie viele?	กี่..?	gèe...?
Wie viel?	เท่าไหร่?	thâo rài
Wessen?	ของใคร?	khŏrng khrai

16. Präpositionen

mit (Frau ~ Katzen)	กับ	gàp
ohne (~ Dich)	ปราศจาก	bpràat-sà-jàak
nach (~ London)	ไปที่	bpai thêe
über (~ Geschäfte sprechen)	เกี่ยวกับ	gìeow gàp
vor (z.B. ~ acht Uhr)	ก่อน	gòrn
vor (z.B. ~ dem Haus)	หน้า	nâa

unter (~ dem Schirm)	ใต้	dtâi
über (~ dem Meeresspiegel)	เหนือ	nĕua
auf (~ dem Tisch)	บน	bon
aus (z.B. ~ München)	จาก	jàak
aus (z.B. ~ Porzellan)	ทำใช้	tham chái

| in (~ zwei Tagen) | ใน | nai |
| über (~ zaun) | ขาม | khâam |

17. Funktionswörter. Adverbien. Teil 1

Wo?	ที่ไหน?	thêe năi
hier	ที่นี่	thêe nêe
dort	ที่นั่น	thêe nân

| irgendwo | ที่ใดที่หนึ่ง | thêe dai thêe nèung |
| nirgends | ไม่มีที่ไหน | mâi mee thêe năi |

| an (bei) | ข้าง | khâang |
| am Fenster | ข้างหน้าต่าง | khâang nâa dtàang |

Wohin?	ที่ไหน?	thêe năi
hierher	ที่นี่	thêe nêe
dahin	ที่นั่น	thêe nân

von hier	จากที่นี่	jàak thêe nêe
von da	จากที่นั่น	jàak thêe nân
nah (Adv)	ใกล้	glâi
weit, fern (Adv)	ไกล	glai
in der Nähe von …	ใกล้	glâi
in der Nähe	ใกล้ๆ	glâi glâi
unweit (~ unseres Hotels)	ไม่ไกล	mâi glai
link (Adj)	ซ้าย	sáai
links (Adv)	ข้างซ้าย	khâang sáai
nach links	ซ้าย	sáai
recht (Adj)	ขวา	khwǎa
rechts (Adv)	ข้างขวา	khâang kwǎa
nach rechts	ขวา	khwǎa
vorne (Adv)	ข้างหน้า	khâang nâa
Vorder-	หน้า	nâa
vorwärts	หน้า	nâa
hinten (Adv)	ข้างหลัง	khâang lǎng
von hinten	จากข้างหลัง	jàak khâang lǎng
rückwärts (Adv)	หลัง	lǎng
Mitte (f)	กลาง	glaang
in der Mitte	ตรงกลาง	dtrorng glaang
seitlich (Adv)	ข้าง	khâang
überall (Adv)	ทุกที่	thúk thêe
ringsherum (Adv)	รอบ	rôrp
von innen (Adv)	จากข้างใน	jàak khâang nai
irgendwohin (Adv)	ที่ไหน	thêe nǎi
geradeaus (Adv)	ตรงไป	dtrorng bpai
zurück (Adv)	กลับ	glàp
irgendwoher (Adv)	จากที่ใด	jàak thêe dai
von irgendwo (Adv)	จากที่ใด	jàak thêe dai
erstens	ข้อที่หนึ่ง	khôr thêe nèung
zweitens	ข้อที่สอง	khôr thêe sǒrng
drittens	ขอทีสาม	khôr thêe sǎam
plötzlich (Adv)	ในทันที	nai than thee
zuerst (Adv)	ตอนแรก	dtorn-râek
zum ersten Mal	เป็นครั้งแรก	bpen khráng râek
lange vor…	นานก่อน	naan gòrn
von Anfang an	ใหม	mài
für immer	ให้จบสิ้น	hâi jòp sîn
nie (Adv)	ไม่เคย	mâi khoie
wieder (Adv)	อีกครั้งหนึ่ง	èek khráng nèung
jetzt (Adv)	ตอนนี้	dtorn-née
oft (Adv)	บอย	bòi

damals (Adv)	เวลานั้น	way-laa nán
dringend (Adv)	อย่างเร่งด่วน	yàang râyng dùan
gewöhnlich (Adv)	มักจะ	mák jà
übrigens, ...	อนึ่ง	à-nèung
möglicherweise (Adv)	เป็นไปได้	bpen bpai dâai
wahrscheinlich (Adv)	อาจจะ	àat jà
vielleicht (Adv)	อาจจะ	àat jà
außerdem ...	นอกจากนั้น...	nôrk jàak nán...
deshalb ...	นั้นเป็นเหตุผลที่...	nân bpen hàyt phŏn thêe...
trotz ...	แม้ว่า...	máe wâa...
dank ...	เนื่องจาก...	nêuang jàak...
was (~ ist denn?)	อะไร	a-rai
das (~ ist alles)	ที่	thêe
etwas	อะไร	a-rai
irgendwas	อะไรก็ตาม	a-rai gôr dtaam
nichts	ไม่มีอะไร	mâi mee a-rai
wer (~ ist ~?)	ใคร	khrai
jemand	บางคน	baang khon
irgendwer	บางคน	baang khon
niemand	ไม่มีใคร	mâi mee khrai
nirgends	ไม่ไปไหน	mâi bpai năi
niemandes (~ Eigentum)	ไม่เป็นของ ของใคร	mâi bpen khŏrng khŏrng khrai
jemandes	ของคนหนึ่ง	khŏrng khon nèung
so (derart)	มาก	mâak
auch	ด้วย	dûay
ebenfalls	ด้วย	dûay

18. Funktionswörter. Adverbien. Teil 2

Warum?	ทำไม?	tham-mai
aus irgendeinem Grund	เพราะเหตุผลอะไร	phrór hàyt phŏn à-rai
weil ...	เพราะว่า...	phrór wâa
zu irgendeinem Zweck	ด้วยจุดประสงค์อะไร	dûay jùt bprà-sŏng a-rai
und	และ	láe
oder	หรือ	rěu
aber	แต่	dtàe
für (präp)	สำหรับ	săm-ràp
zu (~ viele)	เกินไป	gern bpai
nur (~ einmal)	เท่านั้น	thâo nán
genau (Adv)	ตรง	dtrorng
etwa	ประมาณ	bprà-maan
ungefähr (Adv)	ประมาณ	bprà-maan
ungefähr (Adj)	ประมาณ	bprà-maan
fast	เกือบ	gèuap
Übrige (n)	ที่เหลือ	thêe lěua

der andere	อีก	èek
andere	อื่น	èun
jeder (~ Mann)	ทุก	thúk
beliebig (Adj)	ใดๆ	dai dai
viel (zähl.)	หลาย	lăai
viel (unzähl.)	มาก	mâak
viele Menschen	หลายคน	lăai khon
alle (wir ~)	ทุกๆ	thúk thúk

im Austausch gegen ...	ที่จะเปลี่ยนเป็น	thêe jà bplìan bpen
dafür (Adv)	แทน	thaen
mit der Hand (Hand-)	ใช้มือ	chái meu
schwerlich (Adv)	แทบจะไม่	thâep jà mâi

wahrscheinlich (Adv)	อาจจะ	àat jà
absichtlich (Adv)	โดยเจตนา	doi jàyt-dtà-naa
zufällig (Adv)	บังเอิญ	bang-ern

sehr (Adv)	มาก	mâak
zum Beispiel	ยกตัวอย่าง	yók dtua yàang
zwischen	ระหว่าง	rá-wàang
unter (Wir sind ~ Mördern)	ทามกลาง	tâam-glaang
so viele (~ Ideen)	มากมาย	mâak maai
besonders (Adv)	โดยเฉพาะ	doi chà-phór

Grundbegriffe. Teil 2

19. Wochentage

Montag (m)	วันจันทร์	wan jan
Dienstag (m)	วันอังคาร	wan ang-khaan
Mittwoch (m)	วันพุธ	wan phút
Donnerstag (m)	วันพฤหัสบดี	wan phá-réu-hàt-sà-bor-dee
Freitag (m)	วันศุกร์	wan sùk
Samstag (m)	วันเสาร์	wan săo
Sonntag (m)	วันอาทิตย์	wan aa-thít
heute	วันนี้	wan née
morgen	พรุ่งนี้	phrûng-née
übermorgen	วันมะรืนนี้	wan má-reun née
gestern	เมื่อวานนี้	mêua waan née
vorgestern	เมื่อวานซืนนี้	mêua waan-seun née
Tag (m)	วัน	wan
Arbeitstag (m)	วันทำงาน	wan tham ngaan
Feiertag (m)	วันนักขัตฤกษ์	wan nák-khàt-rêrk
freier Tag (m)	วันหยุด	wan yùt
Wochenende (n)	วันสุดสัปดาห์	wan sùt sàp-daa
den ganzen Tag	ทั้งวัน	tháng wan
am nächsten Tag	วันรุ่งขึ้น	wan rûng khêun
zwei Tage vorher	สองวันก่อน	sŏrng wan gòrn
am Vortag	วันก่อนหน้านี้	wan gòrn nâa née
täglich (Adj)	รายวัน	raai wan
täglich (Adv)	ทุกวัน	thúk wan
Woche (f)	สัปดาห์	sàp-daa
letzte Woche	สัปดาห์ก่อน	sàp-daa gòrn
nächste Woche	สัปดาห์หน้า	sàp-daa nâa
wöchentlich (Adj)	รายสัปดาห์	raai sàp-daa
wöchentlich (Adv)	ทุกสัปดาห์	thúk sàp-daa
zweimal pro Woche	สัปดาห์ละสองครั้ง	sàp-daa lá sŏrng kráng
jeden Dienstag	ทุกวันอังคาร	túk wan ang-khaan

20. Stunden. Tag und Nacht

Morgen (m)	เช้า	cháo
morgens	ตอนเช้า	dtorn cháo
Mittag (m)	เที่ยงวัน	thîang wan
nachmittags	ตอนบ่าย	dtorn bàai
Abend (m)	เย็น	yen
abends	ตอนเย็น	dtorn yen

Nacht (f)	คืน	kheun
nachts	กลางคืน	glaang kheun
Mitternacht (f)	เที่ยงคืน	thîang kheun

Sekunde (f)	วินาที	wí-naa-thee
Minute (f)	นาที	naa-thee
Stunde (f)	ชั่วโมง	chûa mohng
eine halbe Stunde	ครึ่งชั่วโมง	khrêung chûa mohng
Viertelstunde (f)	สิบห้านาที	sìp hâa naa-thee
fünfzehn Minuten	สิบห้านาที	sìp hâa naa-thee
Tag und Nacht	24 ชั่วโมง	yêe sìp sèe · chûa mohng

Sonnenaufgang (m)	พระอาทิตย์ขึ้น	phrá aa-thít khêun
Morgendämmerung (f)	ใกล้รุ่ง	glâi rûng
früher Morgen (m)	เช้า	cháo
Sonnenuntergang (m)	พระอาทิตย์ตก	phrá aa-thít dtòk

früh am Morgen	ตอนเช้า	dtorn cháo
heute Morgen	เช้านี้	cháo née
morgen früh	พรุ่งนี้เช้า	phrûng-née cháo

heute Mittag	บ่ายนี้	bàai née
nachmittags	ตอนบ่าย	dtorn bàai
morgen Nachmittag	พรุ่งนี้บ่าย	phrûng-née bàai

| heute Abend | คืนนี้ | kheun née |
| morgen Abend | คืนพรุ่งนี้ | kheun phrûng-née |

Punkt drei Uhr	3 โมงตรง	sǎam mohng dtrorng
gegen vier Uhr	ประมาณ 4 โมง	bprà-maan sèe mohng
um zwölf Uhr	ภายใน 12 โมง	phaai nai sìp sǒng mohng

in zwanzig Minuten	อีก 20 นาที	èek yêe sìp naa-thee
in einer Stunde	อีกหนึ่งชั่วโมง	èek nèung chûa mohng
rechtzeitig (Adv)	ทันเวลา	than way-laa

Viertel vor …	อีกสิบห้านาที	èek sìp hâa naa-thee
innerhalb einer Stunde	ภายในหนึ่งชั่วโมง	phaai nai nèung chûa mohng
alle fünfzehn Minuten	ทุก 15 นาที	thúk sìp hâa naa-thee
Tag und Nacht	ทั้งวัน	tháng wan

21. Monate. Jahreszeiten

Januar (m)	มกราคม	mók-gà-raa khom
Februar (m)	กุมภาพันธ์	gum-phaa phan
März (m)	มีนาคม	mee-naa khom
April (m)	เมษายน	may-sǎa-yon
Mai (m)	พฤษภาคม	phréut-sà-phaa khom
Juni (m)	มิถุนายน	mí-thù-naa-yon

Juli (m)	กรกฎาคม	gà-rá-gà-daa-khom
August (m)	สิงหาคม	sǐng hǎa khom
September (m)	กันยายน	gan-yaa-yon
Oktober (m)	ตุลาคม	dtù-laa khom

November (m)	พฤศจิกายน	phréut-sà-jì-gaa-yon
Dezember (m)	ธันวาคม	than-waa khom
Frühling (m)	ฤดูใบไม้ผลิ	réu-doo bai máai phlì
im Frühling	ฤดูใบไม้ผลิ	réu-doo bai máai phlì
Frühlings-	ฤดูใบไม้ผลิ	réu-doo bai máai phlì
Sommer (m)	ฤดูร้อน	réu-doo rórn
im Sommer	ฤดูร้อน	réu-doo rórn
Sommer-	ฤดูร้อน	réu-doo rórn
Herbst (m)	ฤดูใบไม้ร่วง	réu-doo bai máai rûang
im Herbst	ฤดูใบไม้ร่วง	réu-doo bai máai rûang
Herbst-	ฤดูใบไม้ร่วง	réu-doo bai máai rûang
Winter (m)	ฤดูหนาว	réu-doo năao
im Winter	ฤดูหนาว	réu-doo năao
Winter-	ฤดูหนาว	réu-doo năao
Monat (m)	เดือน	deuan
in diesem Monat	เดือนนี้	deuan née
nächsten Monat	เดือนหน้า	deuan nâa
letzten Monat	เดือนที่แล้ว	deuan thêe láew
vor einem Monat	หนึ่งเดือนก่อนหน้านี้	nèung deuan gòrn nâa née
über eine Monat	อีกหนึ่งเดือน	èek nèung deuan
in zwei Monaten	อีกสองเดือน	èek sŏrng deuan
den ganzen Monat	ตลอดทั้งเดือน	dtà-lòrt tháng deuan
monatlich (Adj)	รายเดือน	raai deuan
monatlich (Adv)	ทุกเดือน	thúk deuan
jeden Monat	ทุกเดือน	thúk deuan
zweimal pro Monat	เดือนละสองครั้ง	deuan lá sŏrng kráng
Jahr (n)	ปี	bpee
dieses Jahr	ปีนี้	bpee née
nächstes Jahr	ปีหน้า	bpee nâa
voriges Jahr	ปีที่แลว	bpee thôo láew
vor einem Jahr	หนึ่งปีก่อน	nèung bpee gòrn
in einem Jahr	อีกหนึ่งปี	èek nèung bpee
in zwei Jahren	อีกสองปี	èek sŏng bpee
das ganze Jahr	ตลอดทั้งปี	dtà-lòrt tháng bpee
jedes Jahr	ทุกปี	thúk bpee
jährlich (Adj)	รายปี	raai bpee
jährlich (Adv)	ทุกปี	thúk bpee
viermal pro Jahr	ปีละสี่ครั้ง	bpee lá sèe khráng
Datum (heutige ~)	วันที่	wan thêe
Datum (Geburts-)	วันเดือนปี	wan deuan bpee
Kalender (m)	ปฏิทิน	bpà-dtì-thin
ein halbes Jahr	ครึ่งปี	khrêung bpee
Halbjahr (n)	หกเดือน	hòk deuan
Saison (f)	ฤดูกาล	réu-doo gaan
Jahrhundert (n)	ศตวรรษ	sà-dtà-wát

22. Maßeinheiten

Gewicht (n)	น้ำหนัก	nám nàk
Länge (f)	ความยาว	khwaam yaao
Breite (f)	ความกวาง	khwaam gwâang
Höhe (f)	ความสูง	khwaam sŏong
Tiefe (f)	ความลึก	khwaam léuk
Volumen (n)	ปริมาณ	bpà-rí-maan
Fläche (f)	บริเวณ	bor-rí-wayn
Gramm (n)	กรัม	gram
Milligramm (n)	มิลลิกรัม	min-lí gram
Kilo (n)	กิโลกรัม	gì-loh gram
Tonne (f)	ตัน	dtan
Pfund (n)	ปอนด์	bporn
Unze (f)	ออนซ์	orn
Meter (m)	เมตร	máyt
Millimeter (m)	มิลลิเมตร	min-lí mâyt
Zentimeter (m)	เซ็นติเมตร	sen dtì mâyt
Kilometer (m)	กิโลเมตร	gì-loh máyt
Meile (f)	ไมล์	mai
Zoll (m)	นิ้ว	níw
Fuß (m)	ฟุต	fút
Yard (n)	หลา	lăa
Quadratmeter (m)	ตารางเมตร	dtaa-raang máyt
Hektar (n)	เฮกตาร์	hêek dtaa
Liter (m)	ลิตร	lít
Grad (m)	องศา	ong-săa
Volt (n)	โวลต์	wohn
Ampere (n)	แอมแปร์	aem-bpae
Pferdestärke (f)	แรงมา	raeng máa
Anzahl (f)	จำนวน	jam-nuan
etwas ...	นิดนอย	nít nói
Hälfte (f)	ครึ่ง	khrêung
Dutzend (n)	โหล	lŏh
Stück (n)	สวน	sùan
Größe (f)	ขนาด	khà-nàat
Maßstab (m)	มาตราสวน	mâat-dtraa sùan
minimal (Adj)	นอยที่สุด	nói thêe sùt
der kleinste	เล็กที่สุด	lék thêe sùt
mittler, mittel-	กลาง	glaang
maximal (Adj)	สูงสุด	sŏong sùt
der größte	ใหญ่ที่สุด	yài têe sùt

23. Behälter

Glas (Einmachglas)	ขวดโหล	khùat lŏh
Dose (z.B. Bierdose)	กระป๋อง	grà-bpŏrng

| Eimer (m) | ถัง | thăng |
| Fass (n), Tonne (f) | ถัง | thăng |

Waschschüssel (n)	กะทะ	gà-thá
Tank (m)	ถังเก็บน้ำ	thăng gèp nám
Flachmann (m)	กระติกน้ำ	grà-dtìk nám
Kanister (m)	ภาชนะ	phaa-chá-ná
Zisterne (f)	ถังบรรจุ	thăng ban-jù

Kaffeebecher (m)	แก้ว	gâew
Tasse (f)	ถ้วย	thûay
Untertasse (f)	จานรอง	jaan rorng
Wasserglas (n)	แก้ว	gâew
Weinglas (n)	แก้วไวน์	gâew wai
Kochtopf (m)	หม้อ	môr

| Flasche (f) | ขวด | khùat |
| Flaschenhals (m) | ปาก | bpàak |

Karaffe (f)	คนโท	khon-thoh
Tonkrug (m)	เหยือก	yèuak
Gefäß (n)	ภาชนะ	phaa-chá-ná
Tontopf (m)	หม้อ	môr
Vase (f)	แจกัน	jae-gan

Flakon (n)	กระติก	grà-dtìk
Fläschchen (n)	ขวดเล็ก	khùat lék
Tube (z.B. Zahnpasta)	หลอด	lòrt

Sack (~ Kartoffeln)	ถุง	thŭng
Tüte (z.B. Plastiktüte)	ถุง	thŭng
Schachtel (f) (z.B. Zigaretten~)	ซอง	sorng

Karton (z.B. Schuhkarton)	กล่อง	glòrng
Kiste (z.B. Bananenkiste)	ลัง	lang
Korb (m)	ตะกร้า	dtà grâa

29

DER MENSCH

Der Mensch. Körper

24. Kopf

Kopf (m)	หัว	hŭa
Gesicht (n)	หน้า	nâa
Nase (f)	จมูก	jà-mòok
Mund (m)	ปาก	bpàak
Auge (n)	ตา	dtaa
Augen (pl)	ตา	dtaa
Pupille (f)	รูม่านตา	roo mâan dtaa
Augenbraue (f)	คิ้ว	khíw
Wimper (f)	ขนตา	khŏn dtaa
Augenlid (n)	เปลือกตา	bplèuak dtaa
Zunge (f)	ลิ้น	lín
Zahn (m)	ฟัน	fan
Lippen (pl)	ริมฝีปาก	rim fĕe bpàak
Backenknochen (pl)	โหนกแก้ม	nòhk gâem
Zahnfleisch (n)	เหงือก	ngèuak
Gaumen (m)	เพดานปาก	phay-daan bpàak
Nasenlöcher (pl)	รูจมูก	roo jà-mòok
Kinn (n)	คาง	khaang
Kiefer (m)	ขากรรไกร	khăa gan-grai
Wange (f)	แก้ม	gâem
Stirn (f)	หน้าผาก	nâa phàak
Schläfe (f)	ขมับ	khà-màp
Ohr (n)	หู	hŏo
Nacken (m)	หลังศีรษะ	lăng sĕe-sà
Hals (m)	คอ	khor
Kehle (f)	ลำคอ	lam khor
Haare (pl)	ผม	phŏm
Frisur (f)	ทรงผม	song phŏm
Haarschnitt (m)	ทรงผม	song phŏm
Perücke (f)	ผมปลอม	phŏm bplorm
Schnurrbart (m)	หนวด	nùat
Bart (m)	เครา	krao
haben (einen Bart ~)	ลองไว้	lorng wái
Zopf (m)	ผมเปีย	phŏm bpia
Backenbart (m)	จอน	jorn
rothaarig	ผมแดง	phŏm daeng
grau	ผมหงอก	phŏm ngòrk

| kahl | หัวล้าน | hŭa láan |
| Glatze (f) | หัวลาน | hŭa láan |

| Pferdeschwanz (m) | ผมทรงหางม้า | phŏm song hăang máa |
| Pony (Ponyfrisur) | ผมม้า | phŏm máa |

25. Menschlicher Körper

| Hand (f) | มือ | meu |
| Arm (m) | แขน | khăen |

Finger (m)	นิ้ว	níw
Zehe (f)	นิ้วเท้า	níw tháo
Daumen (m)	นิ้วโป้ง	níw bpôhng
kleiner Finger (m)	นิ้วก้อย	níw gôi
Nagel (m)	เล็บ	lép

Faust (f)	กำปั้น	gam bpân
Handfläche (f)	ฝ่ามือ	fàa meu
Handgelenk (n)	ข้อมือ	khôr meu
Unterarm (m)	แขนช่วงล่าง	khăen chûang lâang
Ellbogen (m)	ข้อศอก	khôr sòrk
Schulter (f)	ไหล่	lài

Bein (n)	ขา	khăa
Fuß (m)	เท้า	tháo
Knie (n)	หัวเข่า	hŭa khào
Wade (f)	น่อง	nôrng
Hüfte (f)	สะโพก	sà-phôhk
Ferse (f)	สันเท้า	sôn tháo

Körper (m)	ร่างกาย	râang gaai
Bauch (m)	ท้อง	thórng
Brust (f)	อก	òk
Busen (m)	หน้าอก	nâa òk
Seite (f), Flanke (f)	ข้าง	khâang
Rücken (m)	หลัง	lăng
Kreuz (n)	หลังส่วนล่าง	lăng sùan lâang
Taille (f)	เอว	eo

Nabel (m)	สะดือ	sà-deu
Gesäßbacken (pl)	ก้น	gôn
Hinterteil (n)	กน	gôn

Leberfleck (m)	ไฝเสน่ห์	făi sà-này
Muttermal (n)	ปาน	bpaan
Tätowierung (f)	รอยสัก	roi sàk
Narbe (f)	แผลเป็น	phlăe bpen

Kleidung & Accessoires

26. Oberbekleidung. Mäntel

Kleidung (f)	เสื้อผ้า	sêua phâa
Oberkleidung (f)	เสื้อนอก	sêua nôk
Winterkleidung (f)	เสื้อกันหนาว	sêua gan năao
Mantel (m)	เสื้อโค้ท	sêua khóht
Pelzmantel (m)	เสื้อโค้ทขนสัตว์	sêua khóht khŏn sàt
Pelzjacke (f)	แจคเก็ตขนสัตว์	jáek-gèt khŏn sàt
Daunenjacke (f)	แจ็คเก็ตกันหนาว	jàek-gèt gan năao
Jacke (z.B. Lederjacke)	แจ๊คเก็ต	jáek-gèt
Regenmantel (m)	เสื้อกันฝน	sêua gan fŏn
wasserdicht	ซึ่งกันน้ำได้	sêung gan náam dâai

27. Men's & women's clothing

Hemd (n)	เสื้อ	sêua
Hose (f)	กางเกง	gaang-gayng
Jeans (pl)	กางเกงยีนส์	gaang-gayng yeen
Jackett (n)	แจ็คเก็ตสูท	jàek-gèt sòot
Anzug (m)	ชุดสูท	chút sòot
Damenkleid (n)	ชุดเดรส	chút draet
Rock (m)	กระโปรง	grà bprohng
Bluse (f)	เสื้อ	sêua
Strickjacke (f)	แจ๊คเก็ตถัก	jáek-gèt thàk
Jacke (Damen Kostüm)	แจคเก็ต	jáek-gèt
T-Shirt (n)	เสื้อยืด	sêua yêut
Shorts (pl)	กางเกงขาสั้น	gaang-gayng khăa sân
Sportanzug (m)	ชุดวอร์ม	chút wom
Bademantel (m)	เสื้อคลุมอาบน้ำ	sêua khlum àap náam
Schlafanzug (m)	ชุดนอน	chút norn
Sweater (m)	เสื้อไหมพรม	sêua măi phrom
Pullover (m)	เสื้อกันหนาวแบบสวม	sêua gan năao bàep sŭam
Weste (f)	เสื้อกั๊ก	sêua gák
Frack (m)	เสื้อเทลโค้ต	sêua thayn-khóht
Smoking (m)	ชุดทักซิโด	chút thák sí dôh
Uniform (f)	เครื่องแบบ	khrêuang bàep
Arbeitskleidung (f)	ชุดทำงาน	chút tam ngaan
Overall (m)	ชุดเอี๊ยม	chút íam
Kittel (z.B. Arztkittel)	เสื้อคลุม	sêua khlum

28. Kleidung. Unterwäsche

Unterwäsche (f)	ชุดชั้นใน	chút chán nai
Herrenslip (m)	กางเกงในชาย	gaang-gayng nai chaai
Damenslip (m)	กางเกงในสตรี	gaang-gayng nai sàt-dtree
Unterhemd (n)	เสื้อชั้นใน	sêua chán nai
Socken (pl)	ถุงเท้า	thǔng tháo
Nachthemd (n)	ชุดนอนสตรี	chút norn sàt-dtree
Büstenhalter (m)	ยกทรง	yók song
Kniestrümpfe (pl)	ถุงเท้ายาว	thǔng tháo yaao
Strumpfhose (f)	ถุงน่องเต็มตัว	thǔng nôrng dtem dtua
Strümpfe (pl)	ถุงน่อง	thǔng nôrng
Badeanzug (m)	ชุดว่ายน้ำ	chút wâai náam

29. Kopfbekleidung

Mütze (f)	หมวก	mùak
Filzhut (m)	หมวก	mùak
Baseballkappe (f)	หมวกเบสบอล	mùak bàyt-bon
Schiebermütze (f)	หมวกติงลี่	mùak dting lêe
Baskenmütze (f)	หมวกเบเร่ต์	mùak bay-rây
Kapuze (f)	ฮูด	hóot
Panamahut (m)	หมวกปานามา	mùak bpaa-naa-maa
Strickmütze (f)	หมวกไหมพรม	mùak mǎi phrom
Kopftuch (n)	ผ้าโพกศีรษะ	phâa phôhk sěe-sà
Damenhut (m)	หมวกสตรี	mùak sàt-dtree
Schutzhelm (m)	หมวกนิรภัย	mùak ní-rá-phai
Feldmütze (f)	หมวกหนีบ	mùak nèep
Helm (z.B. Motorradhelm)	หมวกกันน็อค	mùak ní-rá-phai
Melone (f)	หมวกกลมทรงสูง	mùak glom song sǒong
Zylinder (m)	หมวกทรงสูง	mùak song sǒong

30. Schuhwerk

Schuhe (pl)	รองเท้า	rorng tháo
Stiefeletten (pl)	รองเท้า	rorng tháo
Halbschuhe (pl)	รองเท้า	rorng tháo
Stiefel (pl)	รองเท้าบูท	rorng tháo bòot
Hausschuhe (pl)	รองเท้าแตะในบ้าน	rorng tháo dtàe nai bâan
Tennisschuhe (pl)	รองเท้ากีฬา	rorng tháo gee-laa
Leinenschuhe (pl)	รองเท้าผ้าใบ	rorng tháo phâa bai
Sandalen (pl)	รองเท้าแตะ	rorng tháo dtàe
Schuster (m)	คนซ่อมรองเท้า	khon sôrm rorng tháo
Absatz (m)	ส้นรองเท้า	sôn rorng tháo

33

Paar (n)	ดู่	khôo
Schnürsenkel (m)	เชือกรองเท้า	chêuak rorng tháo
schnüren (vt)	ผูกเชือกรองเท้า	phòok chêuak rorng tháo
Schuhlöffel (m)	ที่ช้อนรองเท้า	thêe chón rorng tháo
Schuhcreme (f)	ยาขัดรองเท้า	yaa khàt rorng tháo

31. Persönliche Accessoires

Handschuhe (pl)	ถุงมือ	thŭng meu
Fausthandschuhe (pl)	ถุงมือ	thŭng meu
Schal (Kaschmir-)	ผ้าพันคอ	phâa phan khor

Brille (f)	แว่นตา	wâen dtaa
Brillengestell (n)	กรอบแว่น	gròrp wâen
Regenschirm (m)	ร่ม	rôm
Spazierstock (m)	ไม้เท้า	máai tháo
Haarbürste (f)	แปรงหวีผม	bpraeng wĕe phŏm
Fächer (m)	พัด	phát

Krawatte (f)	เนคไท	nâyk-thai
Fliege (f)	โบว์หูกระต่าย	boh hŏo grà-dtàai
Hosenträger (pl)	สายเอี๊ยม	săai íam
Taschentuch (n)	ผ้าเช็ดหน้า	phâa chét-nâa

Kamm (m)	หวี	wĕe
Haarspange (f)	ที่หนีบผม	têe nèep phŏm
Haarnadel (f)	กิ๊บ	gíp
Schnalle (f)	หัวเข็มขัด	hŭa khĕm khàt

Gürtel (m)	เข็มขัด	khĕm khàt
Umhängegurt (m)	สายกระเป๋า	săai grà-bpăo

Tasche (f)	กระเป๋า	grà-bpăo
Handtasche (f)	กระเป๋าถือ	grà-bpăo thĕu
Rucksack (m)	กระเป๋าสะพายหลัง	grà-bpăo sà-phaai lăng

32. Kleidung. Verschiedenes

Mode (f)	แฟชั่น	fae-chân
modisch	คานิยม	khâa ní-yom
Modedesigner (m)	นักออกแบบแฟชั่น	nák òrk bàep fae-chân

Kragen (m)	คอปกเสื้อ	khor bpòk sêua
Tasche (f)	กระเป๋า	grà-bpăo
Taschen-	กระเป๋า	grà-bpăo
Ärmel (m)	แขนเสื้อ	khăen sêua
Aufhänger (m)	ที่แขวนเสื้อ	thêe khwăen sêua
Hosenschlitz (m)	ซิปกางเกง	síp gaang-gayng

Reißverschluss (m)	ซิป	síp
Verschluss (m)	ซิป	síp
Knopf (m)	กระดุม	grà dum

Knopfloch (n)	รูกระดุม	roo grà dum
abgehen (Knopf usw.)	หลุดออก	lùt òrk
nähen (vi, vt)	เย็บ	yép
sticken (vt)	ปัก	bpàk
Stickerei (f)	ลายปัก	laai bpàk
Nadel (f)	เข็มเย็บผ้า	khěm yép phâa
Faden (m)	เส้นด้าย	sây-dâai
Naht (f)	รอยเย็บ	roi yép
sich beschmutzen	สกปรก	sòk-gà-bpròk
Fleck (m)	รอยเปื้อน	roi bpêuan
sich knittern	พับเป็นรอยยับ	pháp bpen roi yôn
zerreißen (vt)	ฉีก	chèek
Motte (f)	แมลงกินผ้า	má-laeng gin phâa

33. Kosmetikartikel. Kosmetik

Zahnpasta (f)	ยาสีฟัน	yaa sěe fan
Zahnbürste (f)	แปรงสีฟัน	bpraeng sěe fan
Zähne putzen	แปรงฟัน	bpraeng fan
Rasierer (m)	มีดโกน	mêet gohn
Rasiercreme (f)	ครีมโกนหนวด	khreem gohn nùat
sich rasieren	โกน	gohn
Seife (f)	สบู่	sà-bòo
Shampoo (n)	แชมพู	chaem-phoo
Schere (f)	กรรไกร	gan-grai
Nagelfeile (f)	ตะไบเล็บ	dtà-bai lép
Nagelzange (f)	กรรไกรตัดเล็บ	gan-grai dtàt lép
Pinzette (f)	แหนบ	nàep
Kosmetik (f)	เครื่องสำอาง	khrôuang sǎm-aang
Gesichtsmaske (f)	มาส์กหน้า	mâak nâa
Maniküre (f)	การแต่งเล็บ	gaan dtàeng lép
Maniküre machen	แต่งเล็บ	dtàeng lép
Pediküre (f)	การแต่งเล็บเท้า	gaan dtàeng lép táo
Kosmetiktasche (f)	กระเป๋าเครื่องสำอาง	grà-bpǎo khrêuang sǎm-aang
Puder (m)	แป้งฝุ่น	bpâeng-fùn
Puderdose (f)	ตลับแป้ง	dtà-làp bpâeng
Rouge (n)	แป้งทาแก้ม	bpâeng thaa gâem
Parfüm (n)	น้ำหอม	nám hǒrm
Duftwasser (n)	น้ำหอมออนๆ	náam hǒrm òn òn
Lotion (f)	โลชั่น	loh-chân
Kölnischwasser (n)	โคโลญจ์	khoh-lohn
Lidschatten (m)	อายแชโดว์	aai-chae-doh
Kajalstift (m)	อายไลเนอร์	aai lai-ner
Wimperntusche (f)	มาสคารา	mâat-khaa-râa
Lippenstift (m)	ลิปสติก	líp-sà-dtìk

35

Nagellack (m)	น้ำยาทาเล็บ	nám yaa-thaa lép
Haarlack (m)	สเปรย์ฉีดผม	sà-bpray chèet phŏm
Deodorant (n)	ยาดับกลิ่น	yaa dàp glìn

Creme (f)	ครีม	khreem
Gesichtscreme (f)	ครีมทาหน้า	khreem thaa nâa
Handcreme (f)	ครีมทามือ	khreem thaa meu
Anti-Falten-Creme (f)	ครีมลดริ้วรอย	khreem lót ríw roi
Tagescreme (f)	ครีมกลางวัน	khreem klaang wan
Nachtcreme (f)	ครีมกลางคืน	khreem klaang kheun
Tages-	กลางวัน	glaang wan
Nacht-	กลางคืน	glaang kheun

Tampon (m)	ผ้าอนามัยแบบสอด	phâa a-naa-mai bàep sòrt
Toilettenpapier (n)	กระดาษชำระ	grà-dàat cham-rá
Föhn (m)	เครื่องเป่าผม	khrêuang bpào phŏm

34. Armbanduhren Uhren

Armbanduhr (f)	นาฬิกา	naa-lí-gaa
Zifferblatt (n)	หน้าปัด	nâa bpàt
Zeiger (m)	เข็ม	khĕm
Metallarmband (n)	สายนาฬิกาข้อมือ	săi naa-lí-gaa khôr meu
Uhrenarmband (n)	สายรัดข้อมือ	săi rát khôr meu

Batterie (f)	แบตเตอรี่	bàet-dter-rêe
verbraucht sein	หมด	mòt
die Batterie wechseln	เปลี่ยนแบตเตอรี่	bplìan bàet-dter-rêe
vorgehen (vi)	เดินเร็วเกินไป	dern reo gern bpai
nachgehen (vi)	เดินช้า	dern cháa

Wanduhr (f)	นาฬิกาแขวนผนัง	naa-lí-gaa khwăen phà-năng
Sanduhr (f)	นาฬิกาทราย	naa-lí-gaa saai
Sonnenuhr (f)	นาฬิกาแดด	naa-lí-gaa dàet
Wecker (m)	นาฬิกาปลุก	naa-lí-gaa bplùk
Uhrmacher (m)	ช่างซ่อมนาฬิกา	châang sôrm naa-lí-gaa
reparieren (vt)	ซ่อม	sôrm

Essen. Ernährung

35. Essen

Fleisch (n)	เนื้อ	néua
Hühnerfleisch (n)	ไก่	gài
Küken (n)	เนื้อลูกไก่	néua lôok gài
Ente (f)	เป็ด	bpèt
Gans (f)	ห่าน	hàan
Wild (n)	สัตว์ที่ล่า	sàt thêe lâa
Pute (f)	ไก่งวง	gài nguang

Schweinefleisch (n)	เนื้อหมู	néua mŏo
Kalbfleisch (n)	เนื้อลูกวัว	néua lôok wua
Hammelfleisch (n)	เนื้อแกะ	néua gàe
Rindfleisch (n)	เนื้อวัว	néua wua
Kaninchenfleisch (n)	เนื้อกระต่าย	néua grà-dtàai

Wurst (f)	ไส้กรอก	sâi gròrk
Würstchen (n)	ไส้กรอกเวียนนา	sâi gròrk wian-naa
Schinkenspeck (m)	หมูเบคอน	mŏo bay-khorn
Schinken (m)	แฮม	haem
Räucherschinken (m)	แฮมแกมมอน	haem gaem-morn

Pastete (f)	ปาเต	bpaa dtay
Leber (f)	ตับ	dtàp
Hackfleisch (n)	เนื้อสับ	néua sàp
Zunge (f)	ลิ้น	lín

Ei (n)	ไข่	khài
Eier (pl)	ไข่	khài
Eiweiß (n)	ไข่ขาว	khài khăao
Eigelb (n)	ไข่แดง	khài daeng

Fisch (m)	ปลา	bplaa
Meeresfrüchte (pl)	อาหารทะเล	aa hăan thá-lay
Krebstiere (pl)	สัตว์พวกกุ้งกั้งปู	sàt phûak gûng gâng bpoo
Kaviar (m)	ไข่ปลา	khài-bplaa

Krabbe (f)	ปู	bpoo
Garnele (f)	กุ้ง	gûng
Auster (f)	หอยนางรม	hŏi naang rom
Languste (f)	กุ้งมังกร	gûng mang-gon
Krake (m)	ปลาหมึก	bplaa mèuk
Kalmar (m)	ปลาหมึกกล้วย	bplaa mèuk-glûay

Störfleisch (n)	ปลาสเตอร์เจียน	bpláa sà-dtêr jian
Lachs (m)	ปลาแซลมอน	bplaa saen-morn
Heilbutt (m)	ปลาตาเดียว	bplaa dtaa-dieow
Dorsch (m)	ปลาค็อด	bplaa khót

Makrele (f)	ปลาแม็คเคอเร็ล	bplaa máek-kay-a-rĕn
Tunfisch (m)	ปลาทูน่า	bplaa thoo-nâa
Aal (m)	ปลาไหล	bplaa lăi

Forelle (f)	ปลาเทราท์	bplaa thrau
Sardine (f)	ปลาซาร์ดีน	bplaa saa-deen
Hecht (m)	ปลาไพค	bplaa phai
Hering (m)	ปลาเฮอริง	bplaa her-ring

Brot (n)	ขนมปัง	khà-nŏm bpang
Käse (m)	เนยแข็ง	noie khăeng
Zucker (m)	น้ำตาล	nám dtaan
Salz (n)	เกลือ	gleua

Reis (m)	ข้าว	khâao
Teigwaren (pl)	พาสต้า	phâat-dtâa
Nudeln (pl)	กวยเตี๋ยว	gŭay-dtĭeow

Butter (f)	เนย	noie
Pflanzenöl (n)	น้ำมันพืช	nám man phêut
Sonnenblumenöl (n)	น้ำมันดอกทานตะวัน	nám man dòrk thaan dtà-wan
Margarine (f)	เนยเทียม	noie thiam

Oliven (pl)	มะกอก	má-gòrk
Olivenöl (n)	น้ำมันมะกอก	nám man má-gòrk

Milch (f)	นม	nom
Kondensmilch (f)	นมขน	nom khôn
Joghurt (m)	โยเกิร์ต	yoh-gèrt
saure Sahne (f)	ชาวรครีม	saao khreem
Sahne (f)	ครีม	khreem

Mayonnaise (f)	มาย็องเนส	maa-yorng-nâyt
Buttercreme (f)	สวนผสมของเนยและน้ำตาล	sùan phà-sŏm khŏrng noie láe nám dtaan

Grütze (f)	เมล็ดธัญพืช	má-lét than-yá-phêut
Mehl (n)	แป้ง	bpâeng
Konserven (pl)	อาหารกระป๋อง	aa-hăan grà-bpŏrng

Maisflocken (pl)	ดูอร์นเฟลค	khorn-flâyk
Honig (m)	น้ำผึ้ง	nám phêung
Marmelade (f)	แยม	yaem
Kaugummi (m, n)	หมากฝรั่ง	màak fà-ràng

36. Getränke

Wasser (n)	น้ำ	nám
Trinkwasser (n)	น้ำดื่ม	nám dèum
Mineralwasser (n)	น้ำแร่	nám râe

still	ไม่มีฟอง	mâi mee forng
mit Kohlensäure	น้ำอัดลม	nám àt lom
mit Gas	มีฟอง	mee forng

Eis (n)	น้ำแข็ง	nám khǎeng
mit Eis	ใส่น้ำแข็ง	sài nám khǎeng

alkoholfrei (Adj)	ไม่มีแอลกอฮอล์	mâi mee aen-gor-hor
alkoholfreies Getränk (n)	เครื่องดื่มที่ไม่มีแอลกอฮอล์	krêuang dèum têe mâi mee aen-gor-hor
Erfrischungsgetränk (n)	เครื่องดื่มให้ความสดชื่น	khrêuang dèum hâi khwaam sòt chêun
Limonade (f)	น้ำเลมอนเนด	nám lay-morn-nâyt

Spirituosen (pl)	เหล้า	lǎu
Wein (m)	ไวน์	wai
Weißwein (m)	ไวน์ขาว	wai khǎao
Rotwein (m)	ไวน์แดง	wai daeng

Likör (m)	สุรา	sù-raa
Champagner (m)	แชมเปญ	chaem-bpayn
Wermut (m)	เหล้าองุ่นขาวซึ่งมีกลิ่นหอม	lâo a-ngùn khǎao sêung mee glìn hǒrm

Whisky (m)	เหล้าวิสกี้	lǎu wít-sa -gêe
Wodka (m)	เหล้าวอดก้า	lǎu wórt-gâa
Gin (m)	เหล้ายิน	lǎu yin
Kognak (m)	เหล้าคอนยัก	lǎu khorn yák
Rum (m)	เหล้ารัม	lǎu ram

Kaffee (m)	กาแฟ	gaa-fae
schwarzer Kaffee (m)	กาแฟดำ	gaa-fae dam
Milchkaffee (m)	กาแฟใส่นม	gaa-fae sài nom
Cappuccino (m)	กาแฟคาปูชิโน	gaa-fae khaa bpoo chí noh
Pulverkaffee (m)	กาแฟสำเร็จรูป	gaa-fae sǎm-rèt rôop

Milch (f)	นม	nom
Cocktail (m)	ค็อกเทล	khók-tayn
Milchcocktail (m)	มิลค์เชค	min-châyk

Saft (m)	น้ำผลไม้	nám phǒn lá máai
Tomatensaft (m)	น้ำมะเขือเทศ	nám má-khěua thâyt
Orangensaft (m)	น้ำส้ม	nám sôm
frisch gepresster Saft (m)	น้ำผลไม้คั้นสด	nám phǒn-lá-máai khán sòt

Bier (n)	เบียร์	bia
Helles (n)	เบียร์ไลท์	bia lai
Dunkelbier (n)	เบียร์ดาร์ค	bia dàak

Tee (m)	ชา	chaa
schwarzer Tee (m)	ชาดำ	chaa dam
grüner Tee (m)	ชาเขียว	chaa khǐeow

37. Gemüse

Gemüse (n)	ผัก	phàk
grünes Gemüse (pl)	ผักใบเขียว	phàk bai khǐeow
Tomate (f)	มะเขือเทศ	má-khěua thâyt

Gurke (f)	แตงกวา	dtaeng-gwaa
Karotte (f)	แครอท	khae-rót
Kartoffel (f)	มันฝรั่ง	man fà-ràng
Zwiebel (f)	หัวหอม	hŭa hŏrm
Knoblauch (m)	กระเทียม	grà-thiam
Kohl (m)	กะหล่ำปลี	gà-làm bplee
Blumenkohl (m)	ดอกกะหล่ำ	dòrk gà-làm
Rosenkohl (m)	กะหล่ำดาว	gà-làm-daao
Brokkoli (m)	บร็อคโคลี่	bròrk-khoh-lêe
Rote Bete (f)	บีทรูท	bee-trôot
Aubergine (f)	มะเขือยาว	má-khĕua-yaao
Zucchini (f)	แตงซูคินี	dtaeng soo-khí-nee
Kürbis (m)	ฟักทอง	fák-thorng
Rübe (f)	หัวผักกาด	hŭa-phàk-gàat
Petersilie (f)	ผักชีฝรั่ง	phàk chee fà-ràng
Dill (m)	ผักชีลาว	phàk-chee-laao
Kopf Salat (m)	ผักกาดหอม	phàk gàat hŏrm
Sellerie (m)	คื่นช่าย	khêun-châai
Spargel (m)	หน่อไม้ฝรั่ง	nòr máai fà-ràng
Spinat (m)	ผักขม	phàk khŏm
Erbse (f)	ถั่วลันเตา	thùa-lan-dtao
Bohnen (pl)	ถั่ว	thùa
Mais (m)	ข้าวโพด	khâao-phôht
weiße Bohne (f)	ถั่วรูปไต	thùa rôop dtai
Paprika (m)	พริกหยวก	phrík-yùak
Radieschen (n)	หัวไชเท้า	hŭa chai tháo
Artischocke (f)	อาร์ติโชค	aa dtì chôhk

38. Obst. Nüsse

Frucht (f)	ผลไม้	phŏn-lá-máai
Apfel (m)	แอปเปิ้ล	àep-bpêrn
Birne (f)	แพร	phae
Zitrone (f)	มะนาว	má-naao
Apfelsine (f)	ส้ม	sôm
Erdbeere (f)	สตรอว์เบอร์รี่	sà-dtror-ber-rêe
Mandarine (f)	ส้มแมนดาริน	sôm maen daa rin
Pflaume (f)	พลัม	phlam
Pfirsich (m)	ลูกทอ	lôok thór
Aprikose (f)	แอปริคอท	ae-bprì-khôrt
Himbeere (f)	ราสเบอร์รี่	râat-ber-rêe
Ananas (f)	สับปะรด	sàp-bpà-rót
Banane (f)	กล้วย	glûay
Wassermelone (f)	แตงโม	dtaeng moh
Weintrauben (pl)	องุ่น	a-ngùn
Sauerkirsche (f)	เชอร์รี่	cher-rêe
Süßkirsche (f)	เชอร์รี่ป่า	cher-rêe bpàa

Melone (f)	เมลอน	may-lorn
Grapefruit (f)	สัมโอ	sôm oh
Avocado (f)	อะโวคาโด	a-who-khaa-doh
Papaya (f)	มะละกอ	má-lá-gor
Mango (f)	มะม่วง	má-mûang
Granatapfel (m)	ทับทิม	tháp-thim

rote Johannisbeere (f)	เรดเคอร์แรนท์	râyt-khêr-raen
schwarze Johannisbeere (f)	แบล็คเคอร์แรนท์	blàek khêr-raen
Stachelbeere (f)	กูสเบอร์รี่	gòot-ber-rêe
Heidelbeere (f)	บิลเบอร์รี่	bil-ber-rêe
Brombeere (f)	แบล็คเบอร์รี่	blàek ber-rêe

Rosinen (pl)	ลูกเกด	lôok gàyt
Feige (f)	มะเดื่อฝรั่ง	má dèua fà-ràng
Dattel (f)	ลูกอินทผลัม	lôok in-thá-plǎm

Erdnuss (f)	ถั่วลิสง	thùa-lí-sǒng
Mandel (f)	อัลมอนด์	an-morn
Walnuss (f)	วอลนัต	wor-lá-nát
Haselnuss (f)	เฮเซลนัท	hay sayn nát
Kokosnuss (f)	มะพร้าว	má-phráao
Pistazien (pl)	ถั่วพิสตาชิโอ	thùa phít dtaa chí oh

39. Brot. Süßigkeiten

Konditorwaren (pl)	ขนม	khà-nǒm
Brot (n)	ขนมปัง	khà-nǒm bpang
Keks (m, n)	คุกกี้	khúk-gêe

Schokolade (f)	ช็อกโกแลต	chók-goh-láet
Schokoladen-	ช็อกโกแลต	chók-goh-láet
Bonbon (m, n)	ลูกกวาด	lôok gwàat
Kuchen (m)	ขนมเค้ก	khà-nǒm kháyk
Torte (f)	ขนมเค้ก	khà-nǒm kháyk

| Kuchen (Apfel-) | ขนมพาย | khà-nǒm phaai |
| Füllung (f) | ไส้ในขนม | sâi nai khà-nǒm |

Konfitüre (f)	แยม	yaem
Marmelade (f)	แยมผิวส้ม	yaem phǐw sôm
Waffeln (pl)	วาฟเฟิล	waaf-fern
Eis (n)	ไอศกรีม	ai-sà-greem
Pudding (m)	พุดดิ้ง	phút-dîng

40. Gerichte

Gericht (n)	มื้ออาหาร	méu aa-hǎan
Küche (f)	อาหาร	aa-hǎan
Rezept (n)	ตำราอาหาร	dtam-raa aa-hǎan
Portion (f)	ส่วน	sùan
Salat (m)	สลัด	sà-làt

Suppe (f)	ซุป	súp
Brühe (f), Bouillon (f)	ซุปน้ำใส	súp nám-sǎi
belegtes Brot (n)	แซนด์วิช	saen-wít
Spiegelei (n)	ไขทอด	khài thôrt

| Hamburger (m) | แฮมเบอร์เกอร์ | haem-ber-gêr |
| Beefsteak (n) | สเต็กเนื้อ | sà-dtèk néua |

Beilage (f)	เครื่องเคียง	khrêuang khiang
Spaghetti (pl)	สปาเก็ตตี้	sà-bpaa-gèt-dtêe
Kartoffelpüree (n)	มันฝรั่งบด	man fà-ràng bòt
Pizza (f)	พิซซา	phít-sâa
Brei (m)	ขาวตม	khâao-dtôm
Omelett (n)	ไขเจียว	khài jieow

gekocht	ต้ม	dtôm
geräuchert	รมควัน	rom khwan
gebraten	ทอด	thôrt
getrocknet	ตากแห้ง	dtàak hâeng
tiefgekühlt	แช่แข็ง	châe khǎeng
mariniert	ดอง	dorng

süß	หวาน	wǎan
salzig	เค็ม	khem
kalt	เย็น	yen
heiß	ร้อน	rórn
bitter	ขม	khǒm
lecker	อร่อย	à-ròi

kochen (vt)	ต้ม	dtôm
zubereiten (vt)	ทำอาหาร	tham aa-hǎan
braten (vt)	ทอด	thôrt
aufwärmen (vt)	อุ่น	ùn

salzen (vt)	ใส่เกลือ	sài gleua
pfeffern (vt)	ใส่พริกไทย	sài phrík thai
reiben (vt)	ขูด	khòot
Schale (f)	เปลือก	bplèuak
schälen (vt)	ปอกเปลือก	bpòrk bplêuak

41. Gewürze

Salz (n)	เกลือ	gleua
salzig (Adj)	เค็ม	khem
salzen (vt)	ใส่เกลือ	sài gleua

schwarzer Pfeffer (m)	พริกไทย	phrík thai
roter Pfeffer (m)	พริกแดง	phrík daeng
Senf (m)	มัสตาร์ด	mát-dtàat
Meerrettich (m)	ฮอสแรดิช	hórt rae dìt

Gewürz (n)	เครื่องปรุงรส	khrêuang bprung rót
Gewürz (n)	เครื่องเทศ	khrêuang thâyt
Soße (f)	ซอส	sós

Essig (m)	น้ำส้มสายชู	nám sôm săai choo
Anis (m)	เทียนสัตตบุษย์	thian-sàt-dtà-bùt
Basilikum (n)	ใบโหระพา	bai hŏh rá phaa
Nelke (f)	กานพลู	gaan-phloo
Ingwer (m)	ขิง	khĭng
Koriander (m)	ผักชีลา	pàk-chee-laa
Zimt (m)	อบเชย	òp-choie

Sesam (m)	งา	ngaa
Lorbeerblatt (n)	ใบกระวาน	bai grà-waan
Paprika (m)	พริกป่น	phrík bpòn
Kümmel (m)	เทียนตากบ	thian dtaa gòp
Safran (m)	หญ้าฝรั่น	yâa fà-ràn

42. Mahlzeiten

| Essen (n) | อาหาร | aa-hăan |
| essen (vi, vt) | กิน | gin |

Frühstück (n)	อาหารเช้า	aa-hăan cháo
frühstücken (vi)	ทานอาหารเช้า	thaan aa-hăan cháo
Mittagessen (n)	ขาวเที่ยง	khâao thîang
zu Mittag essen	ทานอาหารเที่ยง	thaan aa-hăan thîang
Abendessen (n)	อาหารเย็น	aa-hăan yen
zu Abend essen	ทานอาหารเย็น	thaan aa-hăan yen

| Appetit (m) | ความอยากอาหาร | kwaam yàak aa hăan |
| Guten Appetit! | กินให้อร่อย! | gin hâi a-ròi |

öffnen (vt)	เปิด	bpèrt
verschütten (vt)	ทำหก	tham hòk
verschüttet werden	ทำหกออกมา	tham hòk òrk maa
kochen (vi)	ต้ม	dtôm
kochen (Wasser ~)	ต้ม	dtôm
gekocht (Adj)	ต้ม	dtôm
kühlen (vt)	แช่เย็น	châe yen
abkühlen (vi)	แช่เย็น	châe yen

| Geschmack (m) | รสชาติ | rót châat |
| Beigeschmack (m) | รส | rót |

auf Diät sein	ลดน้ำหนัก	lót nám nàk
Diät (f)	อาหารพิเศษ	aa-hăan phí-sàyt
Vitamin (n)	วิตามิน	wí-dtaa-min
Kalorie (f)	แคลอรี่	khae-lor-rêe
Vegetarier (m)	คนกินเจ	khon gin jay
vegetarisch (Adj)	มังสวิรัติ	mang-sà-wí-rát

Fett (n)	ไขมัน	khăi man
Protein (n)	โปรตีน	bproh-dteen
Kohlenhydrat (n)	คาร์โบไฮเดรต	kaa-boh-hai-dràyt
Scheibchen (n)	แผ่น	phàen
Stück (ein ~ Kuchen)	ชิ้น	chín
Krümel (m)	เศษ	sàyt

43

43. Gedeck

Löffel (m)	ช้อน	chórn
Messer (n)	มีด	mêet
Gabel (f)	สอม	sôrm
Tasse (eine ~ Tee)	แก้ว	gâew
Teller (m)	จาน	jaan
Untertasse (f)	จานรอง	jaan rorng
Serviette (f)	ผ้าเช็ดปาก	phâa chét bpàak
Zahnstocher (m)	ไม้จิ้มฟัน	máai jîm fan

44. Restaurant

Restaurant (n)	ร้านอาหาร	ráan aa-hăan
Kaffeehaus (n)	ร้านกาแฟ	ráan gaa-fae
Bar (f)	ร้านเหล้า	ráan lâo
Teesalon (m)	รานน้ำชา	ráan nám chaa
Kellner (m)	คนเสิร์ฟชาย	khon sèrf chaai
Kellnerin (f)	คนเสิร์ฟหญิง	khon sèrf yĭng
Barmixer (m)	บาร์เทนเดอร์	baa-thayn-dêr
Speisekarte (f)	เมนู	may-noo
Weinkarte (f)	รายการไวน์	raai gaan wai
einen Tisch reservieren	จองโต๊ะ	jorng dtó
Gericht (n)	มื้ออาหาร	méu aa-hăan
bestellen (vt)	สั่ง	sàng
eine Bestellung aufgeben	สั่งอาหาร	sàng aa-hăan
Aperitif (m)	เครื่องดื่มเหล้ากอนอาหาร	khrêuang dèum lâo gòrn aa-hăan
Vorspeise (f)	ของกินเล่น	khŏrng gin lâyn
Nachtisch (m)	ของหวาน	khŏrng wăan
Rechnung (f)	คิดเงิน	khít ngern
Rechnung bezahlen	จ่ายค่าอาหาร	jàai khâa aa hăan
das Wechselgeld geben	ให้เงินทอน	hâi ngern thorn
Trinkgeld (n)	เงินทิป	ngern thíp

Familie, Verwandte und Freunde

45. Persönliche Informationen. Formulare

Vorname (m)	ชื่อ	chêu
Name (m)	นามสกุล	naam sà-gun
Geburtsdatum (n)	วันเกิด	wan gèrt
Geburtsort (m)	สถานที่เกิด	sà-thǎan thêe gèrt
Nationalität (f)	สัญชาติ	sǎn-châat
Wohnort (m)	ที่อยู่อาศัย	thêe yòo aa-sǎi
Land (n)	ประเทศ	bprà-thâyt
Beruf (m)	อาชีพ	aa-chêep
Geschlecht (n)	เพศ	phâyt
Größe (f)	ความสูง	khwaam sǒong
Gewicht (n)	น้ำหนัก	nám nàk

46. Familienmitglieder. Verwandte

Mutter (f)	มารดา	maan-daa
Vater (m)	บิดา	bì-daa
Sohn (m)	ลูกชาย	lôok chaai
Tochter (f)	ลูกสาว	lôok sǎao
jüngste Tochter (f)	ลูกสาวคนเล็ก	lôok sǎao khon lék
jüngste Sohn (m)	ลูกชายคนเล็ก	lôok chaai khon lék
ältere Tochter (f)	ลูกสาวคนโต	lôok sǎao khon dtoh
älterer Sohn (m)	ลูกชายคนโต	lôok chaai khon dtoh
älterer Bruder (m)	พี่ชาย	phêe chaai
jüngerer Bruder (m)	น้องชาย	nórng chaai
ältere Schwester (f)	พี่สาว	phêe sǎao
jüngere Schwester (f)	น้องสาว	nórng sǎao
Cousin (m)	ลูกพี่ลูกน้อง	lôok phêe lôok nórng
Cousine (f)	ลูกพี่ลูกน้อง	lôok phêe lôok nórng
Mama (f)	แม่	mâe
Papa (m)	พ่อ	phôr
Eltern (pl)	พ่อแม่	phôr mâe
Kind (n)	เด็ก, ลูก	dèk, lôok
Kinder (pl)	เด็กๆ	dèk dèk
Großmutter (f)	ย่า, ยาย	yâa, yaai
Großvater (m)	ปู่, ตา	bpòo, dtaa
Enkel (m)	หลานชาย	lǎan chaai
Enkelin (f)	หลานสาว	lǎan sǎao

Enkelkinder (pl)	หลานๆ	lǎan
Onkel (m)	ลุง	lung
Tante (f)	ป้า	bpâa
Neffe (m)	หลานชาย	lǎan chaai
Nichte (f)	หลานสาว	lǎan sǎao

Schwiegermutter (f)	แม่ยาย	mâe yaai
Schwiegervater (m)	พ่อสามี	phôr sǎa-mee
Schwiegersohn (m)	ลูกเขย	lôok khǒie
Stiefmutter (f)	แม่เลี้ยง	mâe líang
Stiefvater (m)	พ่อเลี้ยง	phôr líang

Säugling (m)	ทารก	thaa-rók
Kleinkind (n)	เด็กเล็ก	dèk lék
Kleine (m)	เด็ก	dèk

Frau (f)	ภรรยา	phan-rá-yaa
Mann (m)	สามี	sǎa-mee
Ehemann (m)	สามี	sǎa-mee
Gemahlin (f)	ภรรยา	phan-rá-yaa

verheiratet (Ehemann)	แต่งงานแล้ว	dtàeng ngaan láew
verheiratet (Ehefrau)	แต่งงานแล้ว	dtàeng ngaan láew
ledig	เป็นโสด	bpen sòht
Junggeselle (m)	ชายโสด	chaai sòht
geschieden (Adj)	หย่าแล้ว	yàa láew
Witwe (f)	แม่หม้าย	mâe mâai
Witwer (m)	พ่อหม้าย	phôr mâai

Verwandte (m)	ญาติ	yâat
naher Verwandter (m)	ญาติใกล้ชิด	yâat glâi chít
entfernter Verwandter (m)	ญาติห่างๆ	yâat hàang hàang
Verwandte (pl)	ญาติๆ	yâat

Waisenjunge (m)	เด็กชายกำพร้า	dèk chaai gam phráa
Waisenmädchen (f)	เด็กหญิงกำพรา	dèk yǐng gam phráa
Vormund (m)	ผู้ปกครอง	phôo bpòk khrorng
adoptieren (einen Jungen)	บุญธรรม	bun tham
adoptieren (ein Mädchen)	บุญธรรม	bun tham

Medizin

47. Krankheiten

Krankheit (f)	โรค	rôhk
krank sein	ป่วย	bpùay
Gesundheit (f)	สุขภาพ	sùk-khà-phâap
Schnupfen (m)	น้ำมูกไหล	nám môok lǎi
Angina (f)	ตอมทอนซิลอักเสบ	dtòm thorn-sin àk-sàyp
Erkältung (f)	หวัด	wàt
sich erkälten	เป็นหวัด	bpen wàt
Bronchitis (f)	โรคหลอดลมอักเสบ	rôhk lòrt lom àk-sàyp
Lungenentzündung (f)	โรคปอดบวม	rôhk bpòrt-buam
Grippe (f)	ไขหวัดใหญ่	khâi wàt yài
kurzsichtig	สายตาสั้น	sǎai dtaa sân
weitsichtig	สายตายาว	sǎai dtaa yaao
Schielen (n)	ตาเหล่	dtaa lày
schielend (Adj)	เป็นตาเหล่	bpen dtaa kǎy rěu lày
grauer Star (m)	ต้อกระจก	dtôr grà-jòk
Glaukom (n)	ต้อหิน	dtôr hǐn
Schlaganfall (m)	โรคหลอดเลือดสมอง	rôhk lòrt lêuat sà-mǒrng
Infarkt (m)	อาการหัวใจวาย	aa-gaan hǔa jai waai
Herzinfarkt (m)	กลามเนื้อหัวใจตาย	glâam néua hǔa jai dtaai
	เหตุขาดเลือด	hàyt khàat lêuat
Lähmung (f)	อัมพาต	am-má-phâat
lähmen (vt)	ทำให้เป็นอัมพาต	tham hâi bpen am-má-phâat
Allergie (f)	ภูมิแพ้	phoom pháe
Asthma (n)	โรคหืด	rôhk hèut
Diabetes (m)	โรคเบาหวาน	rôhk bao wǎan
Zahnschmerz (m)	อาการปวดฟัน	aa-gaan bpùat fan
Karies (f)	ฟันผุ	fan phù
Durchfall (m)	อาการท้องเสีย	aa-gaan thórng sǐa
Verstopfung (f)	อาการท้องผูก	aa-gaan thórng phòok
Magenverstimmung (f)	อาการปวดท้อง	aa-gaan bpùat thórng
Vergiftung (f)	ภาวะอาหารเป็นพิษ	phaa-wá aa hǎan bpen pít
Vergiftung bekommen	กินอาหารเป็นพิษ	gin aa hǎan bpen phít
Arthritis (f)	โรคข้ออักเสบ	rôhk khôr àk-sàyp
Rachitis (f)	โรคกระดูกอ่อน	rôhk grà-dòok òrn
Rheumatismus (m)	โรครูมาติก	rôhk roo-maa-dtìk
Atherosklerose (f)	ภาวะหลอดเลือดแข็ง	phaa-wá lòrt lêuat khǎeng
Gastritis (f)	โรคกระเพาะอาหาร	rôhk grà-phór aa-hǎan
Blinddarmentzündung (f)	ไส้ติ่งอักเสบ	sâi dtìng àk-sàyp

| Cholezystitis (f) | โรคถุงน้ำดีอักเสบ | rôhk thǔng nám dee àk-sàyp |
| Geschwür (n) | แผลเปื่อย | phlǎe bpèuay |

Masern (pl)	โรคหัด	rôhk hàt
Röteln (pl)	โรคหัดเยอรมัน	rôhk hàt yer-rá-man
Gelbsucht (f)	โรคดีซ่าน	rôhk dee sâan
Hepatitis (f)	โรคตับอักเสบ	rôhk dtàp àk-sàyp

Schizophrenie (f)	โรคจิตเภท	rôhk jìt-dtà-phâyt
Tollwut (f)	โรคพิษสุนัขบ้า	rôhk phít sù-nák bâa
Neurose (f)	โรคประสาท	rôhk bprà-sàat
Gehirnerschütterung (f)	สมองกระทบ กระเทือน	sà-mǒrng grà-thóp grà-theuan

Krebs (m)	มะเร็ง	má-reng
Sklerose (f)	การแข็งตัวของ เนื้อเยื่อรางกาย	gaan kǎeng dtua kǒng néua yêua râang gaai
multiple Sklerose (f)	โรคปลอกประสาท เสื่อมแข็ง	rôhk bplòk bprà-sàat sèuam kǎeng

Alkoholismus (m)	โรคพิษสุราเรื้อรัง	rôhk phít sù-raa réua rang
Alkoholiker (m)	คนขี้เหล้า	khon khêe lâo
Syphilis (f)	โรคซิฟิลิส	rôhk sí-fí-lít
AIDS	โรคเอดส	rôhk àyt

Tumor (m)	เนื้องอก	néua ngôk
bösartig	ราย	ráai
gutartig	ไมราย	mâi ráai

Fieber (n)	ไข้	khâi
Malaria (f)	ไข้มาลาเรีย	kâi maa-laa-ria
Gangrän (f, n)	เนื้อตายเนา	néua dtaai nâo
Seekrankheit (f)	ภาวะเมาคลื่น	phaa-wá mao khlêun
Epilepsie (f)	โรคลมบาหมู	rôhk lom bâa-mǒo

Epidemie (f)	โรคระบาด	rôhk rá-bàat
Typhus (m)	โรครากสาดใหญ่	rôhk râak-sàat yài
Tuberkulose (f)	วัณโรค	wan-ná-rôhk
Cholera (f)	อหิวาตกโรค	a-hì-wâat-gà-rôhk
Pest (f)	กาฬโรค	gaan-lá-rôhk

48. Symptome. Behandlungen. Teil 1

Symptom (n)	อาการ	aa-gaan
Temperatur (f)	อุณหภูมิ	un-hà-phoom
Fieber (n)	อุณหภูมิสูง	un-hà-phoom sǒong
Puls (m)	ชีพจร	chêep-phá-jon

Schwindel (m)	อาการเวียนหัว	aa-gaan wian hǔa
heiß (Stirne usw.)	รอน	rórn
Schüttelfrost (m)	หนาวสั่น	nǎao sàn
blass (z.B. -es Gesicht)	หนาเชียว	nâa sieow
Husten (m)	การไอ	gaan ai
husten (vi)	ไอ	ai

48

niesen (vi)	จาม	jaam
Ohnmacht (f)	การเป็นลม	gaan bpen lom
ohnmächtig werden	เป็นลม	bpen lom

blauer Fleck (m)	ฟกช้ำ	fók chám
Beule (f)	บวม	buam
sich stoßen	ชน	chon
Prellung (f)	รอยฟกช้ำ	roi fók chám
sich stoßen	ได้รอยช้ำ	dâai roi chám

hinken (vi)	กะโผลกกะเผลก	gà-phlòhk-gà-phlàyk
Verrenkung (f)	ขอหลุด	khôr lùt
ausrenken (vt)	ทำขอหลุด	tham khôr lùt
Fraktur (f)	กระดูกหัก	grà-dòok hàk
brechen (Arm usw.)	หักกระดูก	hàk grà-dòok

Schnittwunde (f)	รอยบาด	roi bàat
sich schneiden	ทำบาด	tham bàat
Blutung (f)	การเลือดไหล	gaan lêuat lăi

Verbrennung (f)	แผลไฟไหม้	phlăe fai mâi
sich verbrennen	ได้รับแผลไฟไหม้	dâai ráp phlăe fai mâi

stechen (vt)	ตำ	dtam
sich stechen	ตำตัวเอง	dtam dtua ayng
verletzen (vt)	ทำให้บาดเจ็บ	tham hâi bàat jèp
Verletzung (f)	การบาดเจ็บ	gaan bàat jèp
Wunde (f)	แผล	phlăe
Trauma (n)	แผลบาดเจ็บ	phlăe bàat jèp

irrereden (vi)	คลุ้มคลั่ง	khlúm khlâng
stottern (vi)	พูดตะกุกตะกัก	phôot dtà-gùk-dtà-gàk
Sonnenstich (m)	โรคลมแดด	rôhk lom dàet

49. Symptome. Behandlungen. Teil 2

Schmerz (m)	ความเจ็บปวด	khwaam jèp bpùat
Splitter (m)	เสี้ยน	sîan

Schweiß (m)	เหงื่อ	ngèua
schwitzen (vi)	เหงื่อออก	ngèua òrk
Erbrechen (n)	การอาเจียน	gaan aa-jian
Krämpfe (pl)	การชัก	gaan chák

schwanger	ตั้งครรภ์	dtâng khan
geboren sein	เกิด	gèrt
Geburt (f)	การคลอด	gaan khlôrt
gebären (vt)	คลอดบุตร	khlôrt bùt
Abtreibung (f)	การแทงบุตร	gaan tháeng bùt

Atem (m)	การหายใจ	gaan hăai-jai
Atemzug (m)	การหายใจเข้า	gaan hăai-jai khâo
Ausatmung (f)	การหายใจออก	gaan hăai-jai òrk
ausatmen (vt)	หายใจออก	hăai-jai òrk

einatmen (vt)	หายใจเข้า	hǎai-jai khâo
Invalide (m)	คนพิการ	khon phí-gaan
Krüppel (m)	พิการ	phí-gaan
Drogenabhängiger (m)	ผู้ติดยาเสพติด	phôo dtìt yaa-sàyp-dtìt

taub	หูหนวก	hǒo nùak
stumm	เป็นใบ้	bpen bâi
taubstumm	หูหนวกเป็นใบ้	hǒo nùak bpen bâi

verrückt (Adj)	บ้า	bâa
Irre (m)	คนบ้า	khon bâa
Irre (f)	คนบ้า	khon bâa
den Verstand verlieren	เสียสติ	sǐa sà-dtì

Gen (n)	ยีน	yeun
Immunität (f)	ภูมิคุ้มกัน	phoom khúm gan
erblich	เป็นกรรมพันธุ์	bpen gam-má-phan
angeboren	แต่กำเนิด	dtàe gam-nèrt

Virus (m, n)	เชื้อไวรัส	chéua wai-rát
Mikrobe (f)	จุลินทรีย์	jù-lin-see
Bakterie (f)	แบคทีเรีย	bàek-tee-ria
Infektion (f)	การติดเชื้อ	gaan dtìt chéua

50. Symptome. Behandlungen. Teil 3

Krankenhaus (n)	โรงพยาบาล	rohng phá-yaa-baan
Patient (m)	ผู้ป่วย	phôo bpùay

Diagnose (f)	การวินิจฉัยโรค	gaan wí-nít-chǎi rôhk
Heilung (f)	การรักษา	gaan rák-sǎa
Behandlung (f)	การรักษาทางการแพทย์	gaan rák-sǎa thaang gaan phâet
Behandlung bekommen	รับการรักษา	ráp gaan rák-sǎa
behandeln (vt)	รักษา	rák-sǎa
pflegen (Kranke)	รักษา	rák-sǎa
Pflege (f)	การดูแลรักษา	gaan doo lae rák-sǎa

Operation (f)	การผ่าตัด	gaan phàa dtàt
verbinden (vt)	พันแผล	phan phlǎe
Verband (m)	การพันแผล	gaan phan phlǎe

Impfung (f)	การฉีดวัคซีน	gaan chèet wák-seen
impfen (vt)	ฉีดวัคซีน	chèet wák-seen
Spritze (f)	การฉีดยา	gaan chèet yaa
eine Spritze geben	ฉีดยา	chèet yaa

Anfall (m)	มีอาการเฉียบพลัน	mee aa-gaan chìap phlan
Amputation (f)	การตัดอวัยวะออก	gaan dtàt a-wai-wá òrk
amputieren (vt)	ตัด	dtàt
Koma (n)	อาการโคม่า	aa-gaan khoh-mâa
im Koma liegen	อยู่ในอาการโคม่า	yòo nai aa-gaan khoh-mâa
Reanimation (f)	หน่วยอภิบาล	nùay à-phí-baan
genesen von … (vi)	ฟื้นตัว	féun dtua

Zustand (m)	อาการ	aa-gaan
Bewusstsein (n)	สติสัมปชัญญะ	sà-dtì săm-bpà-chan-yá
Gedächtnis (n)	ความทรงจำ	khwaam song jam

ziehen (einen Zahn ~)	ถอน	thŏrn
Plombe (f)	การอุด	gaan ùt
plombieren (vt)	อุด	ùt

Hypnose (f)	การสะกดจิต	gaan sà-gòt jìt
hypnotisieren (vt)	สะกดจิต	sà-gòt jìt

51. Ärzte

Arzt (m)	แพทย์	phâet
Krankenschwester (f)	พยาบาล	phá-yaa-baan
Privatarzt (m)	แพทย์ส่วนตัว	phâet sùan dtua

Zahnarzt (m)	ทันตแพทย์	than-dtà phâet
Augenarzt (m)	จักษุแพทย์	jàk-sù phâet
Internist (m)	อายุรแพทย์	aa-yú-rá-phâet
Chirurg (m)	ศัลยแพทย์	săn-yá-phâet

Psychiater (m)	จิตแพทย์	jìt-dtà-phâet
Kinderarzt (m)	กุมารแพทย์	gù-maan phâet
Psychologe (m)	นักจิตวิทยา	nák jìt wít-thá-yaa
Frauenarzt (m)	นรีแพทย์	ná-ree phâet
Kardiologe (m)	หทัยแพทย์	hà-thai phâet

52. Medizin. Medikamente. Accessoires

Arznei (f)	ยา	yaa
Heilmittel (n)	ยา	yaa
verschreiben (vt)	จ่ายยา	jàai yaa
Rezept (n)	ใบสั่งยา	bai sàng yaa

Tablette (f)	ยาเม็ด	yaa mét
Salbe (f)	ยาทา	yaa thaa
Ampulle (f)	หลอดยา	lòrt yaa
Mixtur (f)	ยาส่วนผสม	yaa sùan phà-sŏm
Sirup (m)	น้ำเชื่อม	nám chêuam
Pille (f)	ยาเม็ด	yaa mét
Pulver (n)	ยาผง	yaa phŏng

Verband (m)	ผ้าพันแผล	phâa phan phlăe
Watte (f)	สำลี	săm-lee
Jod (n)	ไอโอดีน	ai oh-deen

Pflaster (n)	พลาสเตอร์	phláat-dtêr
Pipette (f)	ที่หยอดตา	thêe yòrt dtaa
Thermometer (n)	ปรอท	bpa -ròrt
Spritze (f)	เข็มฉีดยา	khĕm chèet-yaa
Rollstuhl (m)	รถเข็นคนพิการ	rót khĕn khon phí-gaan

Krücken (pl)	ไม้ค้ำยัน	máai khám yan
Betäubungsmittel (n)	ยาแก้ปวด	yaa gâe bpùat
Abführmittel (n)	ยาระบาย	yaa rá-baai
Spiritus (m)	เอธานอล	ay-thaa-norn
Heilkraut (n)	สมุนไพร ทางการแพทย์	sà-mǔn phrai thaang gaan phâet
Kräuter- (z.B. Kräutertee)	สมุนไพร	sà-mǔn phrai

LEBENSRAUM DES MENSCHEN

Stadt

53. Stadt. Leben in der Stadt

Stadt (f)	เมือง	meuang
Hauptstadt (f)	เมืองหลวง	meuang lŭang
Dorf (n)	หมู่บ้าน	mòo bâan
Stadtplan (m)	แผนที่เมือง	phăen thêe meuang
Stadtzentrum (n)	ใจกลางเมือง	jai glaang-meuang
Vorort (m)	ชานเมือง	chaan meuang
Vorort-	ชานเมือง	chaan meuang
Stadtrand (m)	รอบนอกเมือง	rôrp nôrk meuang
Umgebung (f)	เขตรอบเมือง	khàyt rôrp-meuang
Stadtviertel (n)	บล็อกผังเมือง	blòrk phăng meuang
Wohnblock (m)	บล็อกที่อยู่อาศัย	blòrk thêe yòo aa-săi
Straßenverkehr (m)	การจราจร	gaan jà-raa-jon
Ampel (f)	ไฟจราจร	fai jà-raa-jon
Stadtverkehr (m)	ขนสงมวลชน	khŏn sòng muan chon
Straßenkreuzung (f)	สี่แยก	sèe yâek
Übergang (m)	ทางม้าลาย	thaang máa laai
Fußgängerunterführung (f)	อุโมงค์คนเดิน	u-mohng kon dern
überqueren (vt)	ข้าม	khâam
Fußgänger (m)	คนเดินเท้า	khon dern tháo
Gehweg (m)	ทางเทา	thaang tháo
Brücke (f)	สะพาน	sà-phaan
Kai (m)	ทางเลียบแม่น้ำ	thaang lîap mâe náam
Springbrunnen (m)	น้ำพุ	nám phú
Allee (f)	ทางเลียบสวน	thaang lîap sŭan
Park (m)	สวน	sŭan
Boulevard (m)	ถนนกว้าง	thà-nŏn gwâang
Platz (m)	จัตุรัส	jàt-dtù-ràt
Avenue (f)	ถนนใหญ่	thà-nŏn yài
Straße (f)	ถนน	thà-nŏn
Gasse (f)	ซอย	soi
Sackgasse (f)	ทางตัน	thaang dtan
Haus (n)	บ้าน	bâan
Gebäude (n)	อาคาร	aa-khaan
Wolkenkratzer (m)	ตึกระฟ้า	dtèuk rá-fáa
Fassade (f)	ด้านหน้าอาคาร	dâan-nâa aa-khaan
Dach (n)	หลังคา	lăng khaa

Fenster (n)	หน้าต่าง	nâa dtàang
Bogen (m)	ซุ้มประตู	súm bprà-dtoo
Säule (f)	เสา	sǎo
Ecke (f)	มุม	mum

Schaufenster (n)	หน้าต่างร้านค้า	nâa dtàang ráan kháa
Firmenschild (n)	ป้ายราน	bpâai ráan
Anschlag (m)	โปสเตอร์	bpòht-dtêr
Werbeposter (m)	ป้ายโฆษณา	bpâai khôht-sà-naa
Werbeschild (n)	กระดานปิดประกาศโฆษณา	grà-daan bpìt bprà-gàat khôht-sà-naa

Müll (m)	ขยะ	khà-yà
Mülleimer (m)	ถังขยะ	thǎng khà-yà
Abfall wegwerfen	ทิ้งขยะ	thíng khà-yà
Mülldeponie (f)	ที่ทิ้งขยะ	thêe thíng khà-yà

Telefonzelle (f)	ตู้โทรศัพท์	dtôo thoh-rá-sàp
Straßenlaterne (f)	เสาโคม	sǎo khohm
Bank (Park-)	ม้านั่ง	máa nâng

Polizist (m)	เจ้าหน้าที่ตำรวจ	jâo nâa-thêe dtam-rùat
Polizei (f)	ตำรวจ	dtam-rùat
Bettler (m)	ขอทาน	khǒr thaan
Obdachlose (m)	คนไร้บ้าน	khon rái bâan

54. Innerstädtische Einrichtungen

Laden (m)	ร้านค้า	ráan kháa
Apotheke (f)	ร้านขายยา	ráan khǎai yaa
Optik (f)	รานตัดแว่น	ráan dtàt wâen
Einkaufszentrum (n)	ศูนย์การค้า	sǒon gaan kháa
Supermarkt (m)	ซูเปอร์มาร์เก็ต	soo-bper-maa-gèt

Bäckerei (f)	ร้านขนมปัง	ráan khà-nǒm bpang
Bäcker (m)	คนอบขนมปัง	khon òp khà-nǒm bpang
Konditorei (f)	ร้านขนม	ráan khà-nǒm
Lebensmittelladen (m)	ร้านขายของชำ	ráan khǎai khǒrng cham
Metzgerei (f)	รานขายเนื้อ	ráan khǎai néua

Gemüseladen (m)	ร้านขายผัก	ráan khǎai phàk
Markt (m)	ตลาด	dtà-làat

Kaffeehaus (n)	ร้านกาแฟ	ráan gaa-fae
Restaurant (n)	รานอาหาร	ráan aa-hǎan
Bierstube (f)	บาร์	baa
Pizzeria (f)	รานพิซซ่า	ráan phís-sâa

Friseursalon (m)	ร้านทำผม	ráan tham phǒm
Post (f)	โรงไปรษณีย์	rohng bprai-sà-nee
chemische Reinigung (f)	ร้านซักแห้ง	ráan sák hâeng
Fotostudio (n)	ห้องถ่ายภาพ	hôrng thàai phâap
Schuhgeschäft (n)	ร้านขายรองเท้า	ráan khǎai rorng táo
Buchhandlung (f)	รานขายหนังสือ	ráan khǎai nǎng-sěu

Sportgeschäft (n)	ร้านขายอุปกรณ์กีฬา	ráan khǎai u-bpà-gon gee-laa
Kleiderreparatur (f)	ร้านซ่อมเสื้อผ้า	ráan sôrm sêua phâa
Bekleidungsverleih (m)	ร้านเช่าเสื้อออกงาน	ráan châo sêua òrk ngaan
Videothek (f)	รานเชาวิดีโอ	ráan châo wí-dee-oh

Zirkus (m)	โรงละครสัตว์	rohng lá-khon sàt
Zoo (m)	สวนสัตว์	sǔan sàt
Kino (n)	โรงภาพยนตร์	rohng phâap-phá-yon
Museum (n)	พิพิธภัณฑ์	phí-phítha phan
Bibliothek (f)	หองสมุด	hôrng sà-mùt

Theater (n)	โรงละคร	rohng lá-khon
Opernhaus (n)	โรงอุปรากร	rohng ù-bpà-raa-gon
Nachtklub (m)	ไนท์คลับ	nai-khláp
Kasino (n)	คาสิโน	khaa-sì-noh

Moschee (f)	สุเหร่า	sù-rào
Synagoge (f)	โบสถ์ยิว	bòht yiw
Kathedrale (f)	อาสนวิหาร	aa sǒn wí-hǎan
Tempel (m)	วิหาร	wí-hǎan
Kirche (f)	โบสถ์	bòht

Institut (n)	วิทยาลัย	wít-thá-yaa-lai
Universität (f)	มหาวิทยาลัย	má-hǎa wít-thá-yaa-lai
Schule (f)	โรงเรียน	rohng rian

Präfektur (f)	ศาลากลางจังหวัด	sǎa-laa glaang jang-wàt
Rathaus (n)	ศาลาเทศบาล	sǎa-laa thâyt-sà-baan
Hotel (n)	โรงแรม	rohng raem
Bank (f)	ธนาคาร	thá-naa-khaan

Botschaft (f)	สถานทูต	sà-thǎan thôot
Reisebüro (n)	บริษัททัวร์	bor-rí-sàt thua
Informationsbüro (n)	สำนักงาน	sǎm-nák ngaan
	ศูนย์ขอมูล	sǒon khôr moon
Wechselstube (f)	ร้านแลกเงิน	ráan lâek ngern

| U-Bahn (f) | รถไฟใต้ดิน | rót fai dtâi din |
| Krankenhaus (n) | โรงพยาบาล | rohng phá-yaa-baan |

| Tankstelle (f) | ปั๊มน้ำมัน | bpám náam man |
| Parkplatz (m) | ลานจอดรถ | laan jòrt rót |

55. Schilder

Firmenschild (n)	ป้ายร้าน	bpâai ráan
Aufschrift (f)	ป้ายเตือน	bpâai dteuan
Plakat (n)	โปสเตอร์	bpòht-dtêr
Wegweiser (m)	ป้ายบอกทาง	bpâai bòrk thaang
Pfeil (m)	ลูกศร	lôok sǒn

Vorsicht (f)	คำเตือน	kham dteuan
Warnung (f)	ป้ายเตือน	bpâai dteuan
warnen (vt)	เตือน	dteuan

freier Tag (m)	วันหยุด	wan yùt
Fahrplan (m)	ตารางเวลา	dtaa-raang way-laa
Öffnungszeiten (pl)	เวลาทำการ	way-laa tham gaan

HERZLICH WILLKOMMEN!	ยินดีต้อนรับ!	yin dee dtôn ráp
EINGANG	ทางเข้า	thaang khâo
AUSGANG	ทางออก	thaang òrk

DRÜCKEN	ผลัก	phlàk
ZIEHEN	ดึง	deung
GEÖFFNET	เปิด	bpèrt
GESCHLOSSEN	ปิด	bpìt

| DAMEN, FRAUEN | หญิง | yĭng |
| HERREN, MÄNNER | ชาย | chaai |

AUSVERKAUF	ลดราคา	lót raa-khaa
REDUZIERT	ขายของลดราคา	khăai khŏrng lót raa-khaa
NEU!	ใหม่!	mài
GRATIS	ฟรี	free

ACHTUNG!	โปรดทราบ!	bpròht sâap
ZIMMER BELEGT	ไม่มีห้องว่าง	mâi mee hôrng wâang
RESERVIERT	จองแล้ว	jorng láew

| VERWALTUNG | สำนักงาน | săm-nák ngaan |
| NUR FÜR PERSONAL | เฉพาะพนักงาน | chà-phór phá-nák ngaan |

VORSICHT BISSIGER HUND	ระวังสุนัข!	rá-wang sù-nák
RAUCHEN VERBOTEN!	ห้ามสูบบุหรี่	hâam sòop bù rèe
BITTE NICHT BERÜHREN	ห้ามแตะ!	hâam dtàe

GEFÄHRLICH	อันตราย	an-dtà-raai
VORSICHT!	อันตราย	an-dtà-raai
HOCHSPANNUNG	ไฟฟ้าแรงสูง	fai fáa raeng sŏong
BADEN VERBOTEN	ห้ามว่ายน้ำ!	hâam wâai náam
AUßER BETRIEB	เสีย	sĭa

LEICHTENTZÜNDLICH	อันตรายติดไฟ	an-dtà-raai dtìt fai
VERBOTEN	ห้าม	hâam
DURCHGANG VERBOTEN	ห้ามผ่าน!	hâam phàan
FRISCH GESTRICHEN	สีพื้นเปียก	sĕe phéun bpìak

56. Innerstädtischer Transport

Bus (m)	รถเมล์	rót may
Straßenbahn (f)	รถราง	rót raang
Obus (m)	รถโดยสารประจำ ทางไฟฟ้า	rót doi săan bprà-jam thaang fai fáa
Linie (f)	เส้นทาง	sên thaang
Nummer (f)	หมายเลข	măai lâyk
mit … fahren	ไปด้วย	bpai dûay
einsteigen (vi)	ขึ้น	khêun

aussteigen (aus dem Bus)	ลง	long
Haltestelle (f)	ป้าย	bpâai
nächste Haltestelle (f)	ป้ายถัดไป	bpâai thàt bpai
Endhaltestelle (f)	ป้ายสุดทาย	bpâai sùt tháai
Fahrplan (m)	ตารางเวลา	dtaa-raang way-laa
warten (vi, vt)	รอ	ror

Fahrkarte (f)	ตั๋ว	dtŭa
Fahrpreis (m)	ค่าตั๋ว	khâa dtŭa

Kassierer (m)	คนขายตั๋ว	khon khăai dtŭa
Fahrkartenkontrolle (f)	การตรวจตั๋ว	gaan dtrùat dtŭa
Fahrkartenkontrolleur (m)	พนักงานตรวจตั๋ว	phá-nák ngaan dtrùat dtŭa

sich verspäten	ไปสาย	bpai săai
versäumen (Zug usw.)	พลาด	phlâat
sich beeilen	รีบเร่ง	rêep râyng

Taxi (n)	แท็กซี่	tháek-sêe
Taxifahrer (m)	คนขับแท็กซี่	khon khàp tháek-sêe
mit dem Taxi	โดยแท็กซี่	doi tháek-sêe
Taxistand (m)	ป้ายจอดแท็กซี่	bpâai jòrt tháek sêe
ein Taxi rufen	เรียกแท็กซี่	rîak tháek sêe
ein Taxi nehmen	ขึ้นรถแท็กซี่	khêun rót tháek-sêe

Straßenverkehr (m)	การจราจร	gaan jà-raa-jon
Stau (m)	การจราจรติดขัด	gaan jà-raa-jon dtìt khàt
Hauptverkehrszeit (f)	ชั่วโมงเร่งด่วน	chûa mohng râyng dùan
parken (vi)	จอด	jòrt
parken (vt)	จอด	jòrt
Parkplatz (m)	ลานจอดรถ	laan jòrt rót

U-Bahn (f)	รถไฟใต้ดิน	rót fai dtâi din
Station (f)	สถานี	sà-thăa-nee
mit der U-Bahn fahren	ขึ้นรถไฟใต้ดิน	khêun rót fai dtâi din
Zug (m)	รถไฟ	rót fai
Bahnhof (m)	สถานีรถไฟ	sà-thăa-nee rót fai

57. Sehenswürdigkeiten

Denkmal (n)	อนุสาวรีย์	a-nú-săa-wá-ree
Festung (f)	ป้อม	bpôrm
Palast (m)	วัง	wang
Schloss (n)	ปราสาท	bpraa-sàat
Turm (m)	หอ	hŏr
Mausoleum (n)	สุสาน	sù-săan

Architektur (f)	สถาปัตยกรรม	sà-thăa-bpàt-dtà-yá-gam
mittelalterlich	ยุคกลาง	yúk glaang
alt (antik)	โบราณ	boh-raan
national	แห่งชาติ	hàeng châat
berühmt	ที่มีชื่อเสียง	thêe mee chêu-sĭang
Tourist (m)	นักท่องเที่ยว	nák thôrng thîeow
Fremdenführer (m)	มัคคุเทศก์	mák-khú-thâyt

Ausflug (m)	ทัศนศึกษา	thát-sà-ná-sèuk-sǎa
zeigen (vt)	แสดง	sà-daeng
erzählen (vt)	เลา	lâo
finden (vt)	หาพบ	hǎa phóp
sich verlieren	หลงทาง	lǒng thaang
Karte (U-Bahn ~)	แผนที่	phǎen thêe
Karte (Stadt-)	แผนที่	phǎen thêe
Souvenir (n)	ของที่ระลึก	khǒrng thêe rá-léuk
Souvenirladen (m)	รานขาย ของที่ระลึก	ráan khǎai khǒrng thêe rá-léuk
fotografieren (vt)	ถายภาพ	thàai phâap
sich fotografieren	ไดรับการ ถายภาพให	dâai ráp gaan thàai phâap hâi

58. Shopping

kaufen (vt)	ซื้อ	séu
Einkauf (m)	ของซื้อ	khǒrng séu
einkaufen gehen	ไปซื้อของ	bpai séu khǒrng
Einkaufen (n)	การซอปปิง	gaan chôp bping
offen sein (Laden)	เปิด	bpèrt
zu sein	ปิด	bpìt
Schuhe (pl)	รองเทา	rorng tháo
Kleidung (f)	เสื้อผา	sêua phâa
Kosmetik (f)	เครื่องสำอาง	khrêuang sǎm-aang
Lebensmittel (pl)	อาหาร	aa-hǎan
Geschenk (n)	ของขวัญ	khǒrng khwǎn
Verkäufer (m)	พนักงานขาย	phá-nák ngaan khǎai
Verkäuferin (f)	พนักงานขาย	phá-nák ngaan khǎai
Kasse (f)	ที่จายเงิน	thêe jàai ngern
Spiegel (m)	กระจก	grà-jòk
Ladentisch (m)	เคานเตอร	khao-dtêr
Umkleidekabine (f)	หองลองเสื้อผา	hôrng lorng sêua phâa
anprobieren (vt)	ลอง	lorng
passen (Schuhe, Kleid)	เหมาะ	mò
gefallen (vi)	ชอบ	chôrp
Preis (m)	ราคา	raa-khaa
Preisschild (n)	ปายราคา	bpâai raa-khaa
kosten (vt)	ราคา	raa-khaa
Wie viel?	ราคาเทาไหร?	raa-khaa thâo rài
Rabatt (m)	ลดราคา	lót raa-khaa
preiswert	ไมแพง	mâi phaeng
billig	ถูก	thòok
teuer	แพง	phaeng
Das ist teuer	มันราคาแพง	man raa-khaa phaeng

Verleih (m)	การเช่า	gaan châo
leihen, mieten (ein Auto usw.)	เช่า	châo
Kredit (m), Darlehen (n)	สินเชื่อ	sĭn chêua
auf Kredit	ซื้อเงินเชื่อ	séu ngern chêua

59. Geld

Geld (n)	เงิน	ngern
Austausch (m)	การแลกเปลี่ยน สกุลเงิน	gaan lâek bplìan sà-gun ngern
Kurs (m)	อัตราแลกเปลี่ยน สกุลเงิน	àt-dtraa lâek bplìan sà-gun ngern
Geldautomat (m)	เอทีเอ็ม	ay-thee-em
Münze (f)	เหรียญ	rĭan

Dollar (m)	ดอลลาร์	dorn-lâa
Euro (m)	ยูโร	yoo-roh

Lira (f)	ลีราอิตาลี	lee-raa ì-dtaa-lee
Mark (f)	มาร์ค	mâak
Franken (m)	ฟรังค์	frang
Pfund Sterling (n)	ปอนด์สเตอร์ลิง	bporn sà-dtêr-ling
Yen (m)	เยน	yayn

Schulden (pl)	หนี้	nêe
Schuldner (m)	ลูกหนี้	lôok nêe
leihen (vt)	ให้ยืม	hâi yeum
leihen, borgen (Geld usw.)	ขอยืม	khŏr yeum

Bank (f)	ธนาคาร	thá-naa-khaan
Konto (n)	บัญชี	ban-chee
einzahlen (vt)	ฝาก	fàak
auf ein Konto einzahlen	ฝากเงินเข้าบัญชี	fàak ngern khâo ban-chee
abheben (vt)	ถอน	thŏrn

Kreditkarte (f)	บัตรเครดิต	bàt khray-dìt
Bargeld (n)	เงินสด	ngern sòt
Scheck (m)	เช็ค	chék
einen Scheck schreiben	เขียนเช็ค	khĭan chék
Scheckbuch (n)	สมุดเช็ค	sà-mùt chék

Geldtasche (f)	กระเป๋าเงิน	grà-bpăo ngern
Geldbeutel (m)	กูระเป๋าสตางค์	grà-bpăo sà-dtaang
Safe (m)	ตู้เซฟ	dtôo sâyf

Erbe (m)	ทายาท	thaa-yâat
Erbschaft (f)	มรดก	mor-rá-dòrk
Vermögen (n)	เงินจำนวนมาก	ngern jam-nuan mâak

Pacht (f)	สัญญาเช่า	săn-yaa châo
Miete (f)	ค่าเช่า	kâa châo
mieten (vt)	เช่า	châo
Preis (m)	ราคา	raa-khaa
Kosten (pl)	ราคา	raa-khaa

Summe (f) จำนวนเงินรวม jam-nuan ngern ruam
ausgeben (vt) จ่าย jàai
Ausgaben (pl) ค่าจ่าย khâa jàai
sparen (vt) ประหยัด bprà-yàt
sparsam ประหยัด bprà-yàt

zahlen (vt) จ่าย jàai
Lohn (m) การจ่ายเงิน gaan jàai ngern
Wechselgeld (n) เงินทอน ngern thorn

Steuer (f) ภาษี phaa-sěe
Geldstrafe (f) ค่าปรับ khâa bpràp
bestrafen (vt) ปรับ bpràp

60. Post. Postdienst

Post (Postamt) โรงไปรษณีย์ rohng bprai-sà-nee
Post (Postsendungen) จดหมาย jòt mǎai
Briefträger (m) บุรุษไปรษณีย์ bù-rùt bprai-sà-nee
Öffnungszeiten (pl) เวลาทำการ way-laa tham gaan

Brief (m) จดหมาย jòt mǎai
Einschreibebrief (m) จดหมายลงทะเบียน jòt mǎai long thá-bian
Postkarte (f) ไปรษณียบัตร bprai-sà-nee-yá-bàt
Telegramm (n) โทรเลข thoh-rá-lâyk
Postpaket (n) พัสดุ phát-sà-dù
Geldanweisung (f) การโอนเงิน gaan ohn ngern

bekommen (vt) รับ ráp
abschicken (vt) ฝาก fàak
Absendung (f) การฝาก gaan fàak

Postanschrift (f) ที่อยู่ thêe yòo
Postleitzahl (f) รหัสไปรษณีย์ rá-hàt bprai-sà-nee
Absender (m) ผู้ฝาก phôo fàak
Empfänger (m) ผู้รับ phôo ráp

Vorname (m) ชื่อ chêu
Nachname (m) นามสกุล naam sà-gun

Tarif (m) อัตราค่าส่งไปรษณีย์ àt-dtraa khâa sòng bprai-sà-nee

Standard- (Tarif) มาตรฐาน mâat-dtrà-thǎan
Spar- (-tarif) ประหยัด bprà-yàt

Gewicht (n) น้ำหนัก nám nàk
abwiegen (vt) มีน้ำหนัก mee nám nàk
Briefumschlag (m) ซอง sorng
Briefmarke (f) แสตมป์ไปรษณีย์ sà-dtaem bprai-sà-nee
Briefmarke aufkleben แสตมป์ตราประทับบนซอง sà-dtaem dtraa bprà-tháp bon song

Wohnung. Haus. Zuhause

61. Haus. Elektrizität

Elektrizität (f)	ไฟฟ้า	fai fáa
Glühbirne (f)	หลอดไฟฟ้า	lòrt fai fáa
Schalter (m)	ปุ่มปิดเปิดไฟ	bpùm bpìt bpèrt fai
Sicherung (f)	ฟิวส์	fiw
Draht (m)	สายไฟฟ้า	săai fai fáa
Leitung (f)	การเดินสายไฟ	gaan dern săai fai
Stromzähler (m)	มิเตอร์วัดไฟฟ้า	mí-dtêr wát fai fáa
Zählerstand (m)	คามิเตอร์	khâa mí-dtêr

62. Villa. Schloss

Landhaus (n)	บ้านสไตล์คันทรี่	bâan sà-dtai khan trêe
Villa (f)	คฤหาสน์	khá-réu-hàat
Flügel (m)	สวน	sùan
Garten (m)	สวน	sǔan
Park (m)	สวน	sǔan
Orangerie (f)	เรือนกระจกเขตร้อน	reuan grà-jòk khàyt rórn
pflegen (Garten usw.)	ดูแล	doo lae
Schwimmbad (n)	สระว่ายน้ำ	sà wâai náam
Kraftraum (m)	โรงยิม	rohng-yim
Tennisplatz (m)	สนามเทนนิส	sà-nǎam then-nít
Heimkinoraum (m)	หองฉายหนัง	hôrng chǎai nǎng
Garage (f)	โรงรถ	rohng rót
Privateigentum (n)	ทรัพย์สินส่วนบุคคล	sáp sĭn sùan bùk-khon
Privatgrundstück (n)	ที่ดินสวนบุคคล	thêe din sùan bùk-khon
Warnung (f)	คำเตือน	kham dteuan
Warnschild (n)	ป้ายเตือน	bpâai dteuan
Bewachung (f)	ผู้รักษา	phôo rák-sǎa
	ความปลอดภัย	khwaam bplòrt phai
Wächter (m)	ยาม	yaam
Alarmanlage (f)	สัญญาณกันขโมย	sǎn-yaan gan khà-moi

63. Wohnung

Wohnung (f)	อพาร์ตเมนต์	a-phâat-mayn
Zimmer (n)	หอง	hôrng

Schlafzimmer (n)	ห้องนอน	hôrng norn
Esszimmer (n)	ห้องรับประทานอาหาร	hôrng ráp bprà-thaan aa-hǎan
Wohnzimmer (n)	ห้องนั่งเล่น	hôrng nâng lên
Arbeitszimmer (n)	ห้องทำงาน	hôrng tham ngaan

Vorzimmer (n)	ห้องเข้า	hôrng khâo
Badezimmer (n)	ห้องน้ำ	hôrng náam
Toilette (f)	ห้องส้วม	hôrng sûam

Decke (f)	เพดาน	phay-daan
Fußboden (m)	พื้น	phéun
Ecke (f)	มุม	mum

64. Möbel. Innenausstattung

Möbel (n)	เครื่องเรือน	khrêuang reuan
Tisch (m)	โต๊ะ	dtó
Stuhl (m)	เก้าอี้	gâo-êe
Bett (n)	เตียง	dtiang
Sofa (n)	โซฟา	soh-faa
Sessel (m)	เก้าอี้เท้าแขน	gâo-êe tháo khǎen

Bücherschrank (m)	ตู้หนังสือ	dtôo nǎng-sěu
Regal (n)	ชั้นวาง	chán waang

Schrank (m)	ตู้เสื้อผ้า	dtôo sêua phâa
Hakenleiste (f)	ที่แขวนเสื้อ	thêe khwǎen sêua
Kleiderständer (m)	ไม้แขวนเสื้อ	mái khwǎen sêua

Kommode (f)	ตู้ลิ้นชัก	dtôo lín chák
Couchtisch (m)	โต๊ะกาแฟ	dtó gaa-fae

Spiegel (m)	กระจก	grà-jòk
Teppich (m)	พรม	phrom
Matte (kleiner Teppich)	พรมเช็ดเท้า	phrom chét tháo

Kamin (m)	เตาผิง	dtao phǐng
Kerze (f)	เทียน	thian
Kerzenleuchter (m)	เชิงเทียน	cherng thian

Vorhänge (pl)	ผ้าแขวน	phâa khwǎen
Tapete (f)	วอลเปเปอร์	worn-bpay-bper
Jalousie (f)	บานเกล็ดหน้าต่าง	baan glèt nâa dtàang

Tischlampe (f)	โคมไฟตั้งโต๊ะ	khohm fai dtâng dtó
Leuchte (f)	ไฟติดผนัง	fai dtìt phà-nǎng
Stehlampe (f)	โคมไฟตั้งพื้น	khohm fai dtâng phéun
Kronleuchter (m)	โคมระย้า	khohm rá-yáa

Bein (Tischbein usw.)	ขา	khǎa
Armlehne (f)	ที่พักแขน	thêe phák khǎen
Lehne (f)	พนักพิง	phá-nák phing
Schublade (f)	ลิ้นชัก	lín chák

65. Bettwäsche

Bettwäsche (f)	ชุดผ้าปูที่นอน	chút phâa bpoo thêe norn
Kissen (n)	หมอน	mŏrn
Kissenbezug (m)	ปลอกหมอน	bplòk mŏrn
Bettdecke (f)	ผ้าผวย	phâa phŭay
Laken (n)	ผ้าปู	phâa bpoo
Tagesdecke (f)	ผ้าคลุมเตียง	phâa khlum dtiang

66. Küche

Küche (f)	ห้องครัว	hôrng khrua
Gas (n)	แกส	gáet
Gasherd (m)	เตาแก็ส	dtao gàet
Elektroherd (m)	เตาไฟฟ้า	dtao fai-fáa
Backofen (m)	เตาอบ	dtao òp
Mikrowellenherd (m)	เตาอบไมโครเวฟ	dtao òp mai-khroh-we p
Kühlschrank (m)	ตู้เย็น	dtôo yen
Tiefkühltruhe (f)	ตูแชแข็ง	dtôo châe khăeng
Geschirrspülmaschine (f)	เครื่องลางจาน	khrêuang láang jaan
Fleischwolf (m)	เครื่องบูดเนื้อ	khrêuang bòt néua
Saftpresse (f)	เครื่องคั้นน้ำผลไม้	khrêuang khán náam phŏn-lá-mái
Toaster (m)	เครื่องปิ้งขนมปัง	khrêuang bpîng khà-nŏm bpang
Mixer (m)	เครื่องปั่น	khrêuang bpàn
Kaffeemaschine (f)	เครื่องชงกาแฟ	khrêuang chong gaa-fae
Kaffeekanne (f)	หมอกาแฟ	môr gaa-fae
Kaffeemühle (f)	เครื่องบดกาแฟ	khrêuang bòt gaa-fae
Wasserkessel (m)	กาน้ำ	gaa náam
Teekanne (f)	กาน้ำชา	gaa náam chaa
Deckel (m)	ฝา	făa
Teesieb (n)	ที่กรองชา	thêe grorng chaa
Löffel (m)	ช้อน	chórn
Teelöffel (m)	ช้อนชา	chórn chaa
Esslöffel (m)	ช้อนซุป	chórn súp
Gabel (f)	สอม	sôrm
Messer (n)	มีด	mêet
Geschirr (n)	ถ้วยชาม	thûay chaam
Teller (m)	จาน	jaan
Untertasse (f)	จานรอง	jaan rorng
Schnapsglas (n)	แก้วช็อต	gâew chórt
Glas (n)	แกว	gâew
Tasse (f)	ถ้วย	thûay
Zuckerdose (f)	โถน้ำตาล	thŏh náam dtaan
Salzstreuer (m)	กระปุกเกลือ	grà-bpùk gleua

Pfefferstreuer (m)	กระปุกพริกไท	grà-bpùk phrík thai
Butterdose (f)	ที่ใส่เนย	thêe sài noie
Kochtopf (m)	หม้อต้ม	môr dtôm
Pfanne (f)	กระทะ	grà-thá
Schöpflöffel (m)	กระบวย	grà-buay
Durchschlag (m)	กระชอน	grà chorn
Tablett (n)	ถาด	thàat
Flasche (f)	ขวด	khùat
Glas (Einmachglas)	ขวดโหล	khùat lŏh
Dose (f)	กระป๋อง	grà-bpŏrng
Flaschenöffner (m)	ที่เปิดขวด	thêe bpèrt khùat
Dosenöffner (m)	ที่เปิดกระป๋อง	thêe bpèrt grà-bpŏrng
Korkenzieher (m)	ที่เปิดจุก	thêe bpèrt jùk
Filter (n)	ที่กรอง	thêe grorng
filtern (vt)	กรอง	grorng
Müll (m)	ขยะ	khà-yà
Mülleimer, Treteimer (m)	ถังขยะ	thăng khà-yà

67. Bad

Badezimmer (n)	ห้องน้ำ	hôrng náam
Wasser (n)	น้ำ	nám
Wasserhahn (m)	ก๊อกน้ำ	gòk náam
Warmwasser (n)	น้ำร้อน	nám rórn
Kaltwasser (n)	น้ำเย็น	nám yen
Zahnpasta (f)	ยาสีฟัน	yaa sĕe fan
Zähne putzen	แปรงฟัน	bpraeng fan
Zahnbürste (f)	แปรงสีฟัน	bpraeng sĕe fan
sich rasieren	โกน	gohn
Rasierschaum (m)	โฟมโกนหนวด	fohm gohn nùat
Rasierer (m)	มีดโกน	mêet gohn
waschen (vt)	ล้าง	láang
sich waschen	อาบ	àap
Dusche (f)	ฝักบัว	fàk bua
sich duschen	อาบน้ำฝักบัว	àap náam fàk bua
Badewanne (f)	อ่างอาบน้ำ	àang àap náam
Klosettbecken (n)	โถชักโครก	thŏh chák khrôhk
Waschbecken (n)	อางลางหนา	àang láang-nâa
Seife (f)	สบู่	sà-bòo
Seifenschale (f)	ที่ใส่สบู่	thêe sài sà-bòo
Schwamm (m)	ฟองน้ำ	forng náam
Shampoo (n)	แชมพู	chaem-phoo
Handtuch (n)	ผ้าเช็ดตัว	phâa chét dtua
Bademantel (m)	เสื้อคลุมอาบน้ำ	sêua khlum àap náam

Wäsche (f)	การซักผ้า	gaan sák phâa
Waschmaschine (f)	เครื่องซักผ้า	khrêuang sák phâa
waschen (vt)	ซักผ้า	sák phâa
Waschpulver (n)	ผงซักฟอก	phǒng sák-fôrk

68. Haushaltsgeräte

Fernseher (m)	ทีวี	thee-wee
Tonbandgerät (n)	เครื่องบันทึกเทป	khrêuang ban-théuk thâyp
Videorekorder (m)	เครื่องบันทึก วิดีโอ	khrêuang ban-théuk wí-dee-oh
Empfänger (m)	วิทยุ	wít-thá-yú
Player (m)	เครื่องเล่น	khrêuang lên

Videoprojektor (m)	โปรเจ็คเตอร์	bproh-jèk-dtêr
Heimkino (n)	เครื่องฉายภาพ ยนตร์ที่บ้าน	khhrêuang chǎai phâap-phá yon thêe bâan
DVD-Player (m)	เครื่องเล่น DVD	khrêuang lên dee-wee-dee
Verstärker (m)	เครื่องขยายเสียง	khrêuang khà-yǎai sǐang
Spielkonsole (f)	เครื่องเกมคอนโซล	khrêuang gaym khorn sohn

Videokamera (f)	กล้องถ่ายวิดีโอ	glôrng thàai wí-dee-oh
Kamera (f)	กล้องถ่ายรูป	glôrng thàai rôop
Digitalkamera (f)	กล้องดิจิตอล	glôrng dì-jì-dton

Staubsauger (m)	เครื่องดูดฝุ่น	khrêuang dòot fùn
Bügeleisen (n)	เตารีด	dtao rêet
Bügelbrett (n)	กระดานรองรีด	grà-daan rorng rêet

Telefon (n)	โทรศัพท์	thoh-rá-sàp
Mobiltelefon (n)	มือถือ	meu thěu
Schreibmaschine (f)	เครื่องพิมพ์ดีด	khrêuang phim dèet
Nähmaschine (f)	จักรเย็บผ้า	jàk yép phâa

Mikrophon (n)	ไมโครโฟน	mai-khroh-fohn
Kopfhörer (m)	หูฟัง	hǒo fang
Fernbedienung (f)	รีโมตทีวี	ree môht thee wee

CD (f)	CD	see-dee
Kassette (f)	เทป	thâyp
Schallplatte (f)	จานเสียง	jaan sǐang

AKTIVITÄTEN DES MENSCHEN

Beruf. Geschäft. Teil 1

69. Büro. Arbeiten im Büro

Büro (Firmensitz)	สำนักงาน	săm-nák ngaan
Büro (~ des Direktors)	ห้องทำงาน	hôrng tham ngaan
Rezeption (f)	แผนกต้อนรับ	phà-nàek dtôrn ráp
Sekretär (m)	เลขา	lay-khăa
Sekretärin (f)	เลขา	lay-khăa
Direktor (m)	ผู้อำนวยการ	phôo am-nuay gaan
Manager (m)	ผู้จัดการ	phôo jàt gaan
Buchhalter (m)	คนทำบัญชี	khon tham ban-chee
Mitarbeiter (m)	พนักงาน	phá-nák ngaan
Möbel (n)	เครื่องเรือน	khrêuang reuan
Tisch (m)	โต๊ะ	dtó
Schreibtischstuhl (m)	เก้าอี้สำนักงาน	gâo-êe săm-nák ngaan
Rollcontainer (m)	ตู้มีลิ้นชัก	dtôo mee lín chák
Kleiderständer (m)	ไม้แขวนเสื้อ	mái khwăen sêua
Computer (m)	คอมพิวเตอร์	khorm-phiw-dtêr
Drucker (m)	เครื่องพิมพ์	khrêuang phim
Fax (n)	เครื่องโทรสาร	khrêuang thoh-rá-săan
Kopierer (m)	เครื่องอัดสำเนา	khrêuang àt săm-nao
Papier (n)	กระดาษ	grà-dàat
Büromaterial (n)	เครื่องใช้สำนักงาน	khrêuang chái săm-nák ngaan
Mousepad (n)	แผ่นรองเมาส์	phàen rorng mao
Blatt (n) Papier	ใบ	bai
Ordner (m)	แฟ้ม	fáem
Katalog (m)	บัญชีรายชื่อ	ban-chee raai chêu
Adressbuch (n)	สมุดโทรศัพท์	sà-mùt thoh-rá-sàp
Dokumentation (f)	เอกสาร	àyk săan
Broschüre (f)	โบรชัวร์	broh-chua
Flugblatt (n)	ใบปลิว	bai bpliw
Muster (n)	ตัวอย่าง	dtua yàang
Training (n)	การประชุมฝึกอบรม	gaan bprà-chum fèuk òp-rom
Meeting (n)	การประชุม	gaan bprà-chum
Mittagspause (f)	การพักเที่ยง	gaan phák thîang
eine Kopie machen	ทำสำเนา	tham săm-nao
vervielfältigen (vt)	ทำสำเนาหลายฉบับ	tham săm-nao lăai chà-bàp
ein Fax bekommen	รับโทรสาร	ráp thoh-rá-săan

ein Fax senden	ส่งโทรสาร	sòng thoh-rá-săan
anrufen (vt)	โทรศัพท์	thoh-rá-sàp
antworten (vi)	รับสาย	ráp săai
verbinden (vt)	โอนสาย	ohn săai
ausmachen (vt)	นัด	nát
demonstrieren (vt)	สาธิต	săa-thít
fehlen (am Arbeitsplatz ~)	ขาด	khàat
Abwesenheit (f)	การขาด	gaan khàat

70. Geschäftsabläufe. Teil 1

Geschäft (n) (z.B. ~ in Wolle)	ธุรกิจ	thú-rá gìt
Angelegenheit (f)	อาชีพ	aa-chêep
Firma (f)	บริษัท	bor-rí-sàt
Gesellschaft (f)	บริษัท	bor-rí-sàt
Konzern (m)	บริษัท	bor-rí-sàt
Unternehmen (n)	บริษัท	bor-rí-sàt
Agentur (f)	สำนักงาน	săm-nák ngaan
Vereinbarung (f)	ข้อตกลง	khôr dtòk long
Vertrag (m)	สัญญา	săn-yaa
Geschäft (Transaktion)	ข้อตกลง	khôr dtòk long
Auftrag (Bestellung)	การสั่ง	gaan sàng
Bedingung (f)	เงื่อนไข	ngêuan khăi
en gros (im Großen)	ขายส่ง	khăai sòng
Großhandels-	ขายส่ง	khăai sòng
Großhandel (m)	การขายส่ง	gaan khăai sòng
Einzelhandels-	ขายปลีก	khăai bplèek
Einzelhandel (m)	การขายปลีก	gaan khăai bplèek
Konkurrent (m)	คู่แข่ง	khôo khàeng
Konkurrenz (f)	การแข่งขัน	gaan khàeng khăn
konkurrieren (vi)	แข่งขัน	khàeng khăn
Partner (m)	พันธมิตร	phan-thá-mít
Partnerschaft (f)	หางหุนสวน	hâang hûn sùan
Krise (f)	วิกฤติ	wí-grìt
Bankrott (m)	การล้มละลาย	gaan lóm lá-laai
Bankrott machen	ล้มละลาย	lóm lá-laai
Schwierigkeit (f)	ความยากลำบาก	khwaam yâak lam-bàak
Problem (n)	ปัญหา	bpan-hăa
Katastrophe (f)	ความหายนะ	khwaam hăa-yá-ná
Wirtschaft (f)	เศรษฐกิจ	sàyt-thà-gìt
wirtschaftlich	ทางเศรษฐกิจ	thaang sàyt-thà-gìt
Rezession (f)	เศรษฐกิจถดถอย	sàyt-thà-gìt thòt thŏi
Ziel (n)	เป้าหมาย	bpâo măai
Aufgabe (f)	งาน	ngaan
handeln (Handel treiben)	แลกเปลี่ยน	lâek bplìan

Netz (Verkaufs-)	เครือข่าย	khreua khàai
Lager (n)	คลังสินค้า	khlang sĭn kháa
Sortiment (n)	ประเภทสินค้า	bprà-phâyt sĭn kháa dtàang
	ตางๆ	dtàang

führende Unternehmen (n)	ผู้นำ	phôo nam
groß (-e Firma)	ขนาดใหญ่	khà-nàat yài
Monopol (n)	การผูกขาด	gaan phòok khàat

Theorie (f)	ทฤษฎี	thrít-sà-dee
Praxis (f)	การดำเนินการ	gaan dam-nern gaan
Erfahrung (f)	ประสบการณ์	bprà-sòp gaan
Tendenz (f)	แนวโน้ม	naew nóhm
Entwicklung (f)	การพัฒนา	gaan phát-thá-naa

71. Geschäftsabläufe. Teil 2

| Vorteil (m) | กำไร | gam-rai |
| vorteilhaft | กำไร | gam-rai |

Delegation (f)	คณะผู้แทน	khá-ná phôo thaen
Lohn (m)	เงินเดือน	ngern deuan
korrigieren (vt)	แก้ไข	gâe khăi
Dienstreise (f)	การเดินทางไป	gaan dern taang bpai
	ทำธุรกิจ	tham thú-rá gìt
Kommission (f)	คณะ	khá-ná

kontrollieren (vt)	ควบคุม	khûap khum
Konferenz (f)	งานประชุม	ngaan bprà-chum
Lizenz (f)	ใบอนุญาต	bai a-nú-yâat
zuverlässig	พึ่งพาได	phêung phaa dâai

Initiative (f)	การริเริ่ม	gaan rí-rêrm
Norm (f)	มาตรฐาน	mâat-dtrà-thăan
Umstand (m)	ภาวะ	phaa-wá
Pflicht (f)	หน้าที่	nâa thêe

Unternehmen (n)	องค์การ	ong gaan
Organisation (Prozess)	การจัด	gaan jàt
organisiert (Adj)	ที่ถูกจัด	thêe thòok jàt
Abschaffung (f)	การยกเลิก	gaan yók lêrk
abschaffen (vt)	ยกเลิก	yók lêrk
Bericht (m)	รายงาน	raai ngaan

Patent (n)	สิทธิบัตร	sìt-thí bàt
patentieren (vt)	จดสิทธิบัตร	jòt sìt-thí bàt
planen (vt)	วางแผน	waang phăen

Prämie (f)	โบนัส	boh-nát
professionell	ทางวิชาชีพ	thaang wí-chaa chêep
Prozedur (f)	กระบวนการ	grà-buan gaan

| prüfen (Vertrag ~) | ปรึกษาหารือ | bprèuk-săa hăa-reu |
| Berechnung (f) | การนับ | gaan náp |

Ruf (m)	ความมีหน้ามีตา	khwaam mee nâa mee dtaa
Risiko (n)	ความเสี่ยง	khwaam sìang
leiten (vt)	บริหาร	bor-rí-hăan
Informationen (pl)	ขอมูล	khôr moon
Eigentum (n)	ทรัพย์สิน	sáp sĭn
Bund (m)	สหภาพ	sà-hà phâap
Lebensversicherung (f)	การประกันชีวิต	gaan bprà-gan chee-wít
versichern (vt)	ประกันภัย	bprà-gan phai
Versicherung (f)	การประกันภัย	gaan bprà-gan phai
Auktion (f)	การขายเลหลัง	gaan khăai lay-lăng
benachrichtigen (vt)	แจง	jâeng
Verwaltung (f)	การบริหาร	gaan bor-rí-hăan
Dienst (m)	บริการ	bor-rí-gaan
Forum (n)	การประชุมฟอรั่ม	gaan bprà-chum for-râm
funktionieren (vi)	ดำเนินการ	dam-nern gaan
Etappe (f)	ขั้น	khân
juristisch	ทางกฎหมาย	thaang gòt măai
Jurist (m)	ทนายความ	thá-naai khwaam

72. Fertigung. Arbeiten

Werk (n)	โรงงาน	rohng ngaan
Fabrik (f)	โรงงาน	rohng ngaan
Werkstatt (f)	ห้องทำงาน	hôrng tham ngaan
Betrieb (m)	ที่ผลิต	thêe phà-lìt
Industrie (f)	อุตสาหกรรม	út-saa há-gam
Industrie-	ทางอุตสาหกรรม	thaang ùt-săa-hà-gam
Schwerindustrie (f)	อุตสาหกรรมหนัก	ùt-săa-hà-gam nàk
Leichtindustrie (f)	อุตสาหกรรมเบา	ùt-săa-hà-gam bao
Produktion (f)	ผลิตภัณฑ์	phà-lìt-dtà-phan
produzieren (vt)	ผลิต	phà-lìt
Rohstoff (m)	วัตถุดิบ	wát-thù dìp
Vorarbeiter (m), Meister (m)	คนคุมงาน	khon khum ngaan
Arbeitsteam (n)	ทีมคนงาน	theem khon ngaan
Arbeiter (m)	คนงาน	khon ngaan
Arbeitstag (m)	วันทำงาน	wan tham ngaan
Pause (f)	หยุดพัก	yùt phák
Versammlung (f)	การประชุม	gaan bprà-chum
besprechen (vt)	หารือ	hăa-reu
Plan (m)	แผน	phăen
den Plan erfüllen	ทำตามแผน	tham dtaam păen
Arbeitsertrag (m)	อัตราผลลัพธ์	àt-dtraa phŏn láp
Qualität (f)	คุณภาพ	khun-ná-phâap
Prüfung, Kontrolle (f)	การควบคุม	gaan khûap khum
Gütekontrolle (f)	การควบคุมคุณภาพ	gaan khûap khum khun-ná-phâap

Arbeitsplatzsicherheit (f)	ความปลอดภัยในที่ทำงาน	khwaam bplòrt phai nai thêe tham ngaan
Disziplin (f)	วินัย	wí-nai
Übertretung (f)	การละเมิด	gaan lá-mêrt
übertreten (vt)	ละเมิด	lá-mêrt

Streik (m)	การประท้วงหยุดงาน	gaan bprà-thúang yùt ngaan
Streikender (m)	ผู้ประท้วงหยุดงาน	phôo bprà-thúang yùt ngaan
streiken (vi)	ประท้วงหยุดงาน	bprà-thúang yùt ngaan
Gewerkschaft (f)	สหภาพแรงงาน	sà-hà-phâap raeng ngaan

erfinden (vt)	ประดิษฐ์	bprà-dìt
Erfindung (f)	สิ่งประดิษฐ์	sìng bprà-dìt
Erforschung (f)	การวิจัย	gaan wí-jai
verbessern (vt)	ทำให้ดีขึ้น	tham hâi dee khêun
Technologie (f)	เทคโนโลยี	thék-noh-loh-yee
technische Zeichnung (f)	ภาพร่างทางเทคนิค	phâap-râang thaang thék-nìk

Ladung (f)	ของบรรทุก	khŏrng ban-thúk
Ladearbeiter (m)	คนงานยกของ	khon ngaan yók khŏrng
laden (vt)	บรรทุก	ban-thúk
Beladung (f)	การบรรทุก	gaan ban-thúk
entladen (vt)	ขนออก	khŏn òrk
Entladung (f)	การขนออก	gaan khŏn òrk

Transport (m)	การขนส่ง	gaan khŏn sòng
Transportunternehmen (n)	บริษัทขนส่ง	bor-rí-sàt khŏn sòng
transportieren (vt)	ขนส่ง	khŏn sòng

Güterwagen (m)	ตู้รถไฟรถ	dtôo rót fai
Zisterne (f)	ถัง	thăng
Lastkraftwagen (m)	รถบรรทุก	rót ban-thúk

Werkzeugmaschine (f)	เครื่องมือกล	khrêuang meu gon
Mechanismus (m)	กลไก	gon-gai

Industrieabfälle (pl)	ของเสียจากโรงงาน	khŏrng sĭa jàak rohng ngaan
Verpacken (n)	การทำหีบห่อ	gaan tham hèep hòr
verpacken (vt)	แพ็คหีบห่อ	pháek hèep hòr

73. Vertrag. Zustimmung

Vertrag (m), Auftrag (m)	สัญญา	săn-yaa
Vereinbarung (f)	ข้อตกลง	khôr dtòk long
Anhang (m)	ภาคผนวก	phâak phà-nùak

einen Vertrag abschließen	ลงนามในสัญญา	long naam nai săn-yaa
Unterschrift (f)	ลายมือชื่อ	laai meu chêu
unterschreiben (vt)	ลงนาม	long naam
Stempel (m)	ตราประทับ	dtraa bprà-tháp

Vertragsgegenstand (m)	หัวข้อของสัญญา	hŭa khôr khŏrng săn-yaa
Punkt (m)	ข้อ	khôr
Parteien (pl)	ฝ่าย	fàai

rechtmäßige Anschrift (f)	ที่อยู่ตามกฎหมาย	thêe yòo dtaam gòt mǎai
Vertrag brechen	การละเมิดสัญญา	gaan lá-mêrt sǎn-yaa
Verpflichtung (f)	พันธสัญญา	phan-thá-sǎn-yaa
Verantwortlichkeit (f)	ความรับผิดชอบ	khwaam ráp phìt chôp
Force majeure (f)	เหตุสุดวิสัย	hàyt sùt wí-sǎi
Streit (m)	ความขัดแยง	khwaam khàt yáeng
Strafsanktionen (pl)	บทลงโทษ	bòt long thôht

74. Import & Export

Import (m)	การนำเข้า	gaan nam khâo
Importeur (m)	ผู้นำเข้า	phôo nam khâo
importieren (vt)	นำเข้า	nam khâo
Import-	นำเข้า	nam khâo

Export (m)	การส่งออก	gaan sòng òrk
Exporteur (m)	ผู้สงออก	phôo sòng òrk
exportieren (vt)	สงออก	sòng òrk
Export-	สงออก	sòng òrk

Waren (pl)	สินค้า	sǐn kháa
Partie (f), Ladung (f)	สินค้าที่ส่งไป	sǐn kháa thêe sòng bpai

Gewicht (n)	น้ำหนัก	nám nàk
Volumen (n)	ปริมาณ	bpà-rí-maan
Kubikmeter (m)	ลูกบาศกเมตร	lôok bàat máyt

Hersteller (m)	ผู้ผลิต	phôo phà-lìt
Transportunternehmen (n)	บริษัทขนส่ง	bor-rí-sàt khǒn sòng
Container (m)	ตูคอนเทนเนอร์	dtôo khorn thay ná-ner

Grenze (f)	ชายแดน	chaai daen
Zollamt (n)	ดานศุลกากร	dàan sǔn-lá-gaa-gon
Zoll (m)	ภาษีศุลกากร	phaa-sěe sǔn-lá-gaa-gon
Zollbeamter (m)	เจาหน้าที่ศุลกากร	jâo nâa-thêe sǐn-lá-gaa-gon
Schmuggel (m)	การลักลอบ	gaan lák-lôrp
Schmuggelware (f)	สินค้าที่ผิดกฎหมาย	sǐn kháa thêe phìt gòt mǎai

75. Finanzen

Aktie (f)	หุ้น	hûn
Obligation (f)	ตราสารหนี้	dtraa sǎan nêe
Wechsel (m)	ตั๋วสัญญาใช้เงิน	dtǔa sǎn-yaa chái ngern

Börse (f)	ตลาดหลักทรัพย์	dtà-làat làk sáp
Aktienkurs (m)	ราคาหุ้น	raa-khaa hûn

billiger werden	ถูกลง	thòok long
teuer werden	แพงขึ้น	phaeng khêun
Anteil (m)	ปันผล	bpan phǒn
Mehrheitsbeteiligung (f)	สวนได้เสียที่มีอำนาจควบคุม	sùan dâai sǐa têe mee am-nâat khûap khum

71

Investitionen (pl)	การลงทุน	gaan long thun
investieren (vt)	ลงทุน	long thun
Prozent (n)	เปอร์เซ็นต์	bper-sen
Zinsen (pl)	ดอกเบี้ย	dòrk bîa

Gewinn (m)	กำไร	gam-rai
gewinnbringend	ได้กำไร	dâai gam-rai
Steuer (f)	ภาษี	phaa-sěe

Währung (f)	สกุลเงิน	sà-gun ngern
Landes-	แห่งชาติ	hàeng châat
Geldumtausch (m)	การแลกเปลี่ยน	gaan lâek bplìan

| Buchhalter (m) | นักบัญชี | nák ban-chee |
| Buchhaltung (f) | การทำบัญชี | gaan tham ban-chee |

Bankrott (m)	การล้มละลาย	gaan lóm lá-laai
Zusammenbruch (m)	การพังพินาศ	gaan phang phí-nâat
Pleite (f)	ความพินาศ	khwaam phí-nâat
pleite gehen	ล้มละลาย	lóm lá-laai
Inflation (f)	เงินเฟ้อ	ngern fér
Abwertung (f)	การลดค่าเงิน	gaan lót khâa ngern

Kapital (n)	เงินทุน	ngern thun
Einkommen (n)	รายได้	raai dâai
Umsatz (m)	การหมุนเวียน	gaan mǔn wian
Mittel (Reserven)	ทรัพยากร	sáp-pá-yaa-gon
Geldmittel (pl)	แหล่งเงินทุน	làeng ngern thun

| Gemeinkosten (pl) | ค่าใช้จ่าย | khâa chái jàai |
| reduzieren (vt) | ลด | lót |

76. Marketing

Marketing (n)	การตลาด	gaan dtà-làat
Markt (m)	ตลาด	dtà-làat
Marktsegment (n)	ส่วนตลาด	sùan dtà-làat
Produkt (n)	ผลิตภัณฑ์	phà-lìt-dtà-phan
Waren (pl)	สินค้า	sǐn kháa

Schutzmarke (f)	ยี่ห้อ	yêe hôr
Handelsmarke (f)	เครื่องหมายการค้า	khrêuang mǎai gaan kháa
Firmenzeichen (n)	โลโก้	loh-gôh
Logo (n)	โลโก้	loh-gôh

Nachfrage (f)	อุปสงค์	u-bpà-sǒng
Angebot (n)	อุปทาน	u-bpà-thaan
Bedürfnis (n)	ความต้องการ	khwaam dtôrng gaan
Verbraucher (m)	ผู้บริโภค	phôo bor-rí-phôhk

Analyse (f)	การวิเคราะห์	gaan wí-khrór
analysieren (vt)	วิเคราะห์	wí-khrór
Positionierung (f)	การวางตำแหน่ง	gaan waang dtam-nàeng
	ผลิตภัณฑ์	phà-lìt-dtà-phan

positionieren (vt)	วางตำแหน่ง	waang dtam-nàeng
	ผลิตภัณฑ์	phà-lìt-dtà-phan
Preis (m)	ราคา	raa-khaa
Preispolitik (f)	นโยบาย	ná-yoh-baai
	การตั้งราคา	gaan dtâng raa-khaa
Preisbildung (f)	การตั้งราคา	gaan dtâng raa-khaa

77. Werbung

Werbung (f)	การโฆษณา	gaan khôht-sà-naa
werben (vt)	โฆษณา	khôht-sà-naa
Budget (n)	งบประมาณ	ngóp bprà-maan

Werbeanzeige (f)	การโฆษณา	gaan khôht-sà-naa
Fernsehwerbung (f)	การโฆษณา	gaan khôht-sà-naa thaang
	ทางทีวี	thee wee
Radiowerbung (f)	การโฆษณา	gaan khôht-sà-naa thaang
	ทางวิทยุ	wít-thá-yú
Außenwerbung (f)	การโฆษณา	gaan khôht-sà-naa
	แบบกลางแจ้ง	bàep glaang jâeng

Massenmedien (pl)	สื่อสารมวลชน	sèu sǎan muan chon
Zeitschrift (f)	หนังสือรายคาบ	nǎng-sěu raai khâap
Image (n)	ภาพลักษณ์	phâap-lák

Losung (f)	คำขวัญ	kham khwǎn
Motto (n)	คติพจน์	khá-dtì phót

Kampagne (f)	การรณรงค์	gaan ron-ná-rorng
Werbekampagne (f)	การรณรงค์	gaan ron-ná-rorng
	โฆษณา	khôht-sà-naa
Zielgruppe (f)	กลุ่มเป้าหมาย	glùm bpâo-mǎai

Visitenkarte (f)	นามบัตร	naam bàt
Flugblatt (n)	ใบปลิว	bai bpliw
Broschüre (f)	โบรชัวร์	broh-chua
Faltblatt (n)	แผนพับ	phàen pháp
Informationsblatt (n)	จดหมายข่าว	jòt mǎai khàao

Firmenschild (n)	ป้ายร้าน	bpâai ráan
Plakat (n)	โปสเตอร์	bpòht-dtêr
Werbeschild (n)	กระดานปิดประกาศ	grà-daan bpìt bprà-gàat
	โฆษณา	khôht-sà-naa

78. Bankgeschäft

Bank (f)	ธนาคาร	thá-naa-khaan
Filiale (f)	สาขา	sǎa-khǎa

Berater (m)	พนักงาน	phá-nák ngaan
	ธนาคาร	thá-naa-khaan
Leiter (m)	ผู้จัดการ	phôo jàt gaan

Konto (n)	บัญชีธนาคาร	ban-chee thá-naa-kaan
Kontonummer (f)	หมายเลขบัญชี	mǎai lâyk ban-chee
Kontokorrent (n)	กระแสรายวัน	grà-sǎe raai wan
Sparkonto (n)	บัญชีออมทรัพย์	ban-chee orm sáp

ein Konto eröffnen	เปิดบัญชี	bpèrt ban-chee
das Konto schließen	ปิดบัญชี	bpìt ban-chee
einzahlen (vt)	ฝากเงินเข้าบัญชี	fàak ngern khâo ban-chee
abheben (vt)	ถอน	thǒrn

Einzahlung (f)	การฝาก	gaan fàak
eine Einzahlung machen	ฝาก	fàak
Überweisung (f)	การโอนเงิน	gaan ohn ngern
überweisen (vt)	โอนเงิน	ohn ngern

Summe (f)	จำนวนเงินรวม	jam-nuan ngern ruam
Wieviel?	เท่าไหร่?	thâo rài

Unterschrift (f)	ลายมือชื่อ	laai meu chêu
unterschreiben (vt)	ลงนาม	long naam

Kreditkarte (f)	บัตรเครดิต	bàt khray-dìt
Code (m)	รหัส	rá-hàt
Kreditkartennummer (f)	หมายเลขบัตรเครดิต	mǎai lâyk bàt khray-dìt
Geldautomat (m)	เอทีเอ็ม	ay-thee-em

Scheck (m)	เช็ค	chék
einen Scheck schreiben	เขียนเช็ค	khǐan chék
Scheckbuch (n)	สมุดเช็ค	sà-mùt chék

Darlehen (m)	เงินกู้	ngern gôo
ein Darlehen beantragen	ขอสินเชื่อ	khǒr sǐn chêua
ein Darlehen aufnehmen	กู้เงิน	gôo ngern
ein Darlehen geben	ให้กู้เงิน	hâi gôo ngern
Sicherheit (f)	การรับประกัน	gaan ráp bprà-gan

79. Telefon. Telefongespräche

Telefon (n)	โทรศัพท์	thoh-rá-sàp
Mobiltelefon (n)	มือถือ	meu thěu
Anrufbeantworter (m)	เครื่องพูดตอบ	khrêuang phôot dtòp

anrufen (vt)	โทรศัพท์	thoh-rá-sàp
Anruf (m)	การโทรศัพท์	gaan thoh-rá-sàp

eine Nummer wählen	หมุนหมายเลขโทรศัพท์	mǔn mǎai lâyk thoh-rá-sàp
Hallo!	สวัสดี!	sà-wàt-dee
fragen (vt)	ถาม	thǎam
antworten (vi)	รับสาย	ráp sǎai

hören (vt)	ได้ยิน	dâai yin
gut (~ aussehen)	ดี	dee
schlecht (Adv)	ไม่ดี	mâi dee
Störungen (pl)	เสียงรบกวน	sǐang róp guan

Hörer (m)	ตัวรับสัญญาณ	dtua ráp săn-yaan
den Hörer abnehmen	รับสาย	ráp săai
auflegen (den Hörer ~)	วางสาย	waang săai

besetzt	ไม่ว่าง	mâi wâang
läuten (vi)	ดัง	dang
Telefonbuch (n)	สมุดโทรศัพท์	sà-mùt thoh-rá-sàp

Orts-	ในประเทศ	nai bprà-thâyt
Ortsgespräch (n)	โทรในประเทศ	thoh nai bprà-thâyt
Auslands-	ตางประเทศ	dtàang bprà-thâyt
Auslandsgespräch (n)	โทรตางประเทศ	thoh dtàang bprà-thâyt
Fern-	ระยะไกล	rá-yá glai
Ferngespräch (n)	โทรระยะไกล	thoh-rá-yá glai

80. Mobiltelefon

Mobiltelefon (n)	มือถือ	meu thĕu
Display (n)	หนาจอ	nâa jor
Knopf (m)	ปุ่ม	bpùm
SIM-Karte (f)	ซิมการ์ด	sím gàat

Batterie (f)	แบตเตอรี่	bàet-dter-rêe
leer sein (Batterie)	หมด	mòt
Ladegerät (n)	ที่ชาร์จ	thêe châat

Menü (n)	เมนู	may-noo
Einstellungen (pl)	การตั้งค่า	gaan dtâng khâa
Melodie (f)	เสียงเพลง	sĭang phlayng
auswählen (vt)	เลือก	lêuak

Rechner (m)	เครื่องคิดเลข	khrêuang khít lâyk
Anrufbeantworter (m)	ขอความเสียง	khôr khwaam sĭang
Wecker (m)	นาฬิกาปลุก	naa-lí-gaa bplùk
Kontakte (pl)	รายชื่อผู้ติดต่อ	raai chêu phôo dtìt dtòr

| SMS-Nachricht (f) | SMS | es-e-mes |
| Teilnehmer (m) | ผู้สมัครรับบริการ | phôo sà-màk ráp bor-rí-gaan |

81. Bürobedarf

| Kugelschreiber (m) | ปากกาลูกลื่น | bpàak gaa lôok lêun |
| Federhalter (m) | ปากกาหมึกซึม | bpàak gaa mèuk seum |

Bleistift (m)	ดินสอ	din-sŏr
Faserschreiber (m)	ปากกาเน้น	bpàak gaa náyn
Filzstift (m)	ปากกาเมจิค	bpàak gaa may jìk

Notizblock (m)	สมุดจด	sà-mùt jòt
Terminkalender (m)	สมุดบันทึกรายวัน	sà-mùt ban-théuk raai wan
Lineal (n)	ไม้บรรทัด	máai ban-thát
Rechner (m)	เครื่องคิดเลข	khrêuang khít lâyk

Radiergummi (m)	ยางลบ	yaang lóp
Reißzwecke (f)	เป๊ก	bpáyk
Heftklammer (f)	ลวดหนีบกระดาษ	lûat nèep grà-dàat

Klebstoff (m)	กาว	gaao
Hefter (m)	ที่เย็บกระดาษ	thêe yép grà-dàat
Locher (m)	ที่เจาะรูกระดาษ	thêe jòr roo grà-dàat
Bleistiftspitzer (m)	ที่เหลาดินสอ	thêe lǎo din-sǒr

82. Geschäftsarten

Buchführung (f)	บริการทำบัญชี	bor-rí-gaan tham ban-chee
Werbung (f)	การโฆษณา	gaan khôht-sà-naa
Werbeagentur (f)	บริษัทโฆษณา	bor-rí-sàt khôht-sà-naa
Klimaanlagen (pl)	เครื่องปรับอากาศ	khrêuang bpràp-aa-gàat
Fluggesellschaft (f)	สายการบิน	sǎai gaan bin

Spirituosen (pl)	เครื่องดื่มแอลกอฮอล์	khrêuang dèum aen-gor-hor
Antiquitäten (pl)	ของเก่า	khǒrng gào
Kunstgalerie (f)	หอศิลป์	hǒr sǐn
Rechnungsprüfung (f)	บริการตรวจสอบบัญชี	bor-rí-gaan dtrùat sòrp ban-chee

Bankwesen (n)	การธนาคาร	gaan thá-naa-khaan
Bar (f)	บาร์	baa
Schönheitssalon (m)	ช่างเสริมสวย	châang sěrm sǔay
Buchhandlung (f)	ร้านขายหนังสือ	ráan khǎai nǎng-sěu
Bierbrauerei (f)	โรงงานตมเหลา	rohng ngaan dtôm lǎu
Bürogebäude (n)	ศูนย์ธุรกิจ	sǒon thú-rá gìt
Business-Schule (f)	โรงเรียนธุรกิจ	rohng rian thú-rá gìt

Kasino (n)	คาสิโน	khaa-sì-noh
Bau (m)	การก่อสร้าง	gaan gòr sâang
Beratung (f)	การปรึกษา	gaan bprèuk-sǎa

Stomatologie (f)	คลินิกทันตกรรม	khlí-nìk than-ta-gam
Design (n)	การออกแบบ	gaan òrk bàep
Apotheke (f)	ร้านขายยา	ráan khǎai yaa
chemische Reinigung (f)	ร้านซักแห้ง	ráan sák hâeng
Personalagentur (f)	สำนักงานจัดหางาน	sǎm-nák ngaan jàt hǎa ngaan

Finanzdienstleistungen (pl)	บริการด้านการเงิน	bor-rí-gaan dâan gaan ngern
Nahrungsmittel (pl)	ผลิตภัณฑ์อาหาร	phà-lìt-dtà-phan aa hǎan
Bestattungsinstitut (n)	บริษัทรับจัดงานศพ	bor-rí-sàt ráp jàt ngaan sòp
Möbel (n)	เครื่องเรือน	khrêuang reuan
Kleidung (f)	เสื้อผ้า	sêua phâa
Hotel (n)	โรงแรม	rohng raem

Eis (n)	ไอศกรีม	ai-sà-greem
Industrie (f)	อุตสาหกรรม	út-saa há-gam
Versicherung (f)	การประกัน	gaan bprà-gan
Internet (n)	อินเทอร์เน็ต	in-thêr-nét
Investitionen (pl)	การลงทุน	gaan long thun

Juwelier (m)	ช่างทำเครื่องเพชรพลอย	châang tham khrêuang phét phloi
Juwelierwaren (pl)	เครื่องเพชรพลอย	khrêuang phét phloi
Wäscherei (f)	โรงซักรีดผ้า	rohng sák rêet phâa
Rechtsberatung (f)	คนที่ปรึกษาทางกฎหมาย	khon thêe bprèuk-sǎa thaang gòt mǎai
Leichtindustrie (f)	อุตสาหกรรมเบา	ùt-sǎa-hà-gam bao

Zeitschrift (f)	นิตยสาร	nít-dtà-yá-sǎan
Versandhandel (m)	การขายสินค้าทางไปรษณีย์	gaan khǎai sǐn kháa thaang bprai-sà-nee
Medizin (f)	การแพทย์	gaan phâet
Kino (Filmtheater)	โรงภาพยนตร์	rohng phâap-phá-yon
Museum (n)	พิพิธภัณฑ์	phí-phítha phan

Nachrichtenagentur (f)	สำนักข่าว	sǎm-nák khàao
Zeitung (f)	หนังสือพิมพ์	nǎng-sěu phim
Nachtklub (m)	ไนท์คลับ	nai-khláp

Erdöl (n)	น้ำมัน	nám man
Kurierdienst (m)	บริการจัดส่ง	bor-rí-gaan jàt sòng
Pharmaindustrie (f)	เภสัชกรรม	phay-sàt-cha -gam
Druckindustrie (f)	สิ่งพิมพ์	sìng phim
Verlag (m)	สำนักพิมพ์	sǎm-nák phim

Rundfunk (m)	วิทยุ	wít-thá-yú
Immobilien (pl)	อสังหาริมทรัพย์	a-sǎng-hǎa-rim-má-sáp
Restaurant (n)	รานอาหาร	ráan aa-hǎan

Sicherheitsagentur (f)	บริษัทรักษาความปลอดภัย	bor-rí-sàt rák-sǎa khwaam bplòrt phai
Sport (m)	กีฬา	gee-laa
Börse (f)	ตลาดหลักทรัพย์	dtà-làat làk sáp
Laden (m)	รานค้า	ráan kháa
Supermarkt (m)	ซูเปอร์มาร์เก็ต	soo-bper-maa-gèt
Schwimmbad (n)	สระว่ายน้ำ	sà wâai náam

Atelier (n)	ร้านตัดเสื้อ	ráan dtàt sêua
Fernsehen (n)	โทรทัศน์	thoh-rá-thát
Theater (n)	โรงละคร	rohng lá-khon
Handel (m)	การค้าขาย	gaan kháa kǎai
Transporte (pl)	การขนส่ง	gaan khǒn sòng
Reisen (pl)	การท่องเที่ยว	gaan thôrng thîeow

Tierarzt (m)	สัตวแพทย์	sàt phâet
Warenlager (n)	โกดังเก็บสินค้า	goh-dang gèp sǐn kháa
Müllabfuhr (f)	การเก็บขยะ	gaan gèp khà-yà

Arbeit. Geschäft. Teil 2

83. Show. Ausstellung

Ausstellung (f)	งานแสดง	ngaan sà-daeng
Handelsausstellung (f)	งานแสดงสินค้า	ngaan sà-daeng sĭn kháa
Teilnahme (f)	การเข้าร่วม	gaan khâo rûam
teilnehmen (vi)	เข้าร่วมใน	khâo rûam nai
Teilnehmer (m)	ผู้เขารวม	phôo khâo rûam
Direktor (m)	ผู้อำนวยการ	phôo am-nuay gaan
Messeverwaltung (f)	สำนักงานผู้จัด	săm-nák ngaan phôo jàt
Organisator (m)	ผู้จัด	phôo jàt
veranstalten (vt)	จัด	jàt
Anmeldeformular (n)	แบบฟอร์มลงทะเบียน	bàep form long thá-bian
ausfüllen (vt)	กรอก	gròrk
Details (pl)	รายละเอียด	raai lá-ìat
Information (f)	ข้อมูล	khôr moon
Preis (m)	ราคา	raa-khaa
einschließlich	รวมถึง	ruam thĕung
einschließen (vt)	รวม	ruam
zahlen (vt)	จ่าย	jàai
Anmeldegebühr (f)	คาลงทะเบียน	khâa long thá-bian
Eingang (m)	ทางเข้า	thaang khâo
Pavillon (m)	ศาลา	săa-laa
registrieren (vt)	ลงทะเบียน	long thá-bian
Namensschild (n)	ป้ายชื่อ	bpâai chêu
Stand (m)	บูธแสดงสินค้า	bòot sà-daeng sĭn kháa
reservieren (vt)	จอง	jorng
Vitrine (f)	ตู้โชว์สินค้า	dtôo choh sĭn kháa
Strahler (m)	ไฟรวมแสงบนเวที	fai ruam săeng bon way-thee
Design (n)	การออกแบบ	gaan òrk bàep
stellen (vt)	วาง	waang
gelegen sein	ถูกตั้ง	thòok dtâng
Distributor (m)	ผู้จัดจำหน่าย	phôo jàt jam-nàai
Lieferant (m)	ผู้จัดหา	phôo jàt hăa
liefern (vt)	จัดหา	jàt hăa
Land (n)	ประเทศ	bprà-thâyt
ausländisch	ตางชาติ	dtàang châat
Produkt (n)	ผลิตภัณฑ์	phà-lìt-dtà-phan
Assoziation (f)	สมาคม	sà-maa khom
Konferenzraum (m)	ห้องประชุม	hôrng bprà-chum

Kongress (m)	การประชุม	gaan bprà-chum
Wettbewerb (m)	การแข่งขัน	gaan khàeng khǎn
Besucher (m)	ผู้เข้าร่วม	phôo khâo rûam
besuchen (vt)	เข้าร่วม	khâo rûam
Auftraggeber (m)	ลูกค้า	lôok kháa

84. Wissenschaft. Forschung. Wissenschaftler

Wissenschaft (f)	วิทยาศาสตร์	wít-thá-yaa sàat
wissenschaftlich	ทางวิทยาศาสตร์	thaang wít-thá-yaa sàat
Wissenschaftler (m)	นักวิทยาศาสตร์	nák wít-thá-yaa sàat
Theorie (f)	ทฤษฎี	thrít-sà-dee
Axiom (n)	สัจพจน์	sàt-jà-phót
Analyse (f)	การวิเคราะห์	gaan wí-khrór
analysieren (vt)	วิเคราะห์	wí-khrór
Argument (n)	ข้อโต้แย้ง	khôr dtôh yáeng
Substanz (f)	สาร	sǎan
Hypothese (f)	สมมติฐาน	sǒm-mút thǎan
Dilemma (n)	โจทย์	jòht
Dissertation (f)	ปริญญานิพนธ์	bpà-rin-yaa ní-phon
Dogma (n)	หลัก	làk
Doktrin (f)	หลักคำสอน	làk kham sǒrn
Forschung (f)	การวิจัย	gaan wí-jai
forschen (vi)	วิจัย	wí-jai
Kontrolle (f)	การควบคุม	gaan khûap khum
Labor (n)	ห้องทดลอง	hôrng thót lorng
Methode (f)	วิธี	wí-thee
Molekül (n)	โมเลกุล	moh-lay-gun
Monitoring (n)	การเฝ้าสังเกต	gaan fâo sǎng-gàyt
Entdeckung (f)	การค้นพบ	gaan khón phóp
Postulat (n)	สัจพจน์	sàt-jà-phót
Prinzip (n)	หลักการ	làk gaan
Prognose (f)	การคาดการณ์	gaan khâat gaan
prognostizieren (vt)	คาดการณ์	khâat gaan
Synthese (f)	การสังเคราะห์	gaan sǎng-khrór
Tendenz (f)	แนวโน้ม	naew nóhm
Theorem (n)	ทฤษฎีบท	thrít-sà-dee bòt
Lehre (Doktrin)	คำสอน	kham sǒrn
Tatsache (f)	ข้อเท็จจริง	khôr thét jing
Expedition (f)	การสำรวจ	gaan sǎm-rùat
Experiment (n)	การทดลอง	gaan thót lorng
Akademiemitglied (n)	นักวิชาการ	nák wí-chaa gaan
Bachelor (m)	บัณฑิต	ban-dìt
Doktor (m)	ดุษฎีบัณฑิต	dùt-sà-dee ban-dìt
Dozent (m)	รองศาสตราจารย์	rorng sàat-sà-dtraa-jaan

| Magister (m) | มหาบัณฑิต | má-hǎa ban-dìt |
| Professor (m) | ศาสตราจารย์ | sàat-sà-dtraa-jaan |

Berufe und Tätigkeiten

85. Arbeitsuche. Kündigung

Arbeit (f), Stelle (f)	งาน	ngaan
Belegschaft (f)	พนักงาน	phá-nák ngaan
Personal (n)	พนักงาน	phá-nák ngaan
Karriere (f)	อาชีพ	aa-chêep
Perspektive (f)	โอกาส	oh-gàat
Können (n)	ทักษะ	thák-sà
Auswahl (f)	การคัดเลือก	gaan khát lêuak
Personalagentur (f)	สำนักงาน จัดหางาน	sǎm-nák ngaan jàt hǎa ngaan
Lebenslauf (m)	ประวัติย่อ	bprà-wàt yôr
Vorstellungsgespräch (n)	สัมภาษณ์งาน	sǎm-phâat ngaan
Vakanz (f)	ตำแหน่งวาง	dtam-nàeng wâang
Gehalt (n)	เงินเดือน	ngern deuan
festes Gehalt (n)	เงินเดือน	ngern deuan
Arbeitslohn (m)	คาแรง	khâa raeng
Stellung (f)	ตำแหน่ง	dtam-nàeng
Pflicht (f)	หน้าที่	nâa thêe
Aufgabenspektrum (n)	หน้าที่	nâa thêe
beschäftigt	ไม่วาง	mâi wâang
kündigen (vt)	ไล่ออก	lâi òrk
Kündigung (f)	การไลออก	gaan lâi òrk
Arbeitslosigkeit (f)	การว่างงาน	gaan wâang ngaan
Arbeitslose (m)	คนวางงาน	khon wâang ngaan
Rente (f), Ruhestand (m)	การเกษียณอายุ	gaan gà-sǐan aa-yú
in Rente gehen	เกษียณ	gà-sǐan

86. Geschäftsleute

Direktor (m)	ผู้อำนวยการ	phôo am-nuay gaan
Leiter (m)	ผู้จัดการ	phôo jàt gaan
Boss (m)	หัวหน้า	hǔa-nâa
Vorgesetzte (m)	ผู้บังคับบัญชา	phôo bang-kháp ban-chaa
Vorgesetzten (pl)	คณะผู้บังคับ บัญชา	khá-ná phôo bang-kháp ban-chaa
Präsident (m)	ประธานาธิปดี	bprà-thaa-naa-thí-bor-dee
Vorsitzende (m)	ประธาน	bprà-thaan
Stellvertreter (m)	รอง	rorng

Helfer (m)	ผู้ช่วย	phôo chûay
Sekretär (m)	เลขา	lay-khǎa
Privatsekretär (m)	ผู้ช่วยส่วนบุคคล	phôo chûay sùan bùk-khon

| Geschäftsmann (m) | นักธุรกิจ | nák thú-rá-gìt |
| Unternehmer (m) | ผู้ประกอบการ | phôo bprà-gòp gaan |

| Gründer (m) | ผู้ก่อตั้ง | phôo gòr dtâng |
| gründen (vt) | ก่อตั้ง | gòr dtâng |

Gründungsmitglied (n)	ผู้ก่อตั้ง	phôo gòr dtâng
Partner (m)	หุ้นส่วน	hûn sùan
Aktionär (m)	ผู้ถือหุ้น	phôo thěu hûn

| Millionär (m) | เศรษฐีเงินล้าน | sàyt-thěe ngern láan |
| Milliardär (m) | มหาเศรษฐี | má-hǎa sàyt-thěe |

| Besitzer (m) | เจ้าของ | jâo khǒrng |
| Landbesitzer (m) | เจ้าของที่ดิน | jâo khǒrng thêe din |

| Kunde (m) | ลูกค้า | lôok kháa |
| Stammkunde (m) | ลูกค้าประจำ | lôok kháa bprà-jam |

| Käufer (m) | ลูกค้า | lôok kháa |
| Besucher (m) | ผู้เข้าร่วม | phôo khâo rûam |

Fachmann (m)	ผู้เป็นมืออาชีพ	phôo bpen meu aa-chêep
Experte (m)	ผู้เชี่ยวชาญ	phôo chîeow-chaan
Spezialist (m)	ผู้ชำนาญ	phôo cham-naan
	เฉพาะทาง	chà-phó thaang

Bankier (m)	พนักงาน	phá-nák ngaan
	ธนาคาร	thá-naa-khaan
Makler (m)	นายหน้า	naai nâa

Kassierer (m)	แคชเชียร์	khâet chia
Buchhalter (m)	นักบัญชี	nák ban-chee
Wächter (m)	ยาม	yaam

| Investor (m) | ผู้ลงทุน | phôo long thun |
| Schuldner (m) | ลูกหนี้ | lôok nêe |

| Gläubiger (m) | เจ้าหนี้ | jâo nêe |
| Kreditnehmer (m) | ผู้ยืม | phôo yeum |

| Importeur (m) | ผู้นำเข้า | phôo nam khâo |
| Exporteur (m) | ผู้ส่งออก | phôo sòng òrk |

Hersteller (m)	ผู้ผลิต	phôo phà-lìt
Distributor (m)	ผู้จัดจำหน่าย	phôo jàt jam-nàai
Vermittler (m)	คนกลาง	khon glaang

Berater (m)	ที่ปรึกษา	thêe bprèuk-sǎa
Vertreter (m)	พนักงานขาย	phá-nák ngaan khǎai
Agent (m)	ตัวแทน	dtua thaen
Versicherungsagent (m)	ตัวแทนประกัน	dtua thaen bprà-gan

87. Dienstleistungsberufe

Koch (m)	คนครัว	khon khrua
Chefkoch (m)	กุก	gúk
Bäcker (m)	ช่างอบขนมปัง	châang òp khà-nǒm bpang
Barmixer (m)	บาร์เทนเดอร์	baa-thayn-dêr
Kellner (m)	พนักงานเสิร์ฟชาย	phá-nák ngaan sèrf chaai
Kellnerin (f)	พนักงานเสิร์ฟหญิง	phá-nák ngaan sèrf yǐng
Rechtsanwalt (m)	ทนายความ	thá-naai khwaam
Jurist (m)	นักกฎหมาย	nák gòt mǎai
Notar (m)	พนักงานจดทะเบียน	phá-nák ngaan jòt thá-bian
Elektriker (m)	ช่างไฟฟ้า	châang fai-fáa
Klempner (m)	ช่างประปา	châang bprà-bpaa
Zimmermann (m)	ช่างไม้	châang máai
Masseur (m)	หมอนวดชาย	mǒr nûat chaai
Masseurin (f)	หมอนวดหญิง	mǒr nûat yǐng
Arzt (m)	แพทย์	phâet
Taxifahrer (m)	คนขับแท็กซี่	khon khàp tháek-sêe
Fahrer (m)	คนขับ	khon khàp
Ausfahrer (m)	คนส่งของ	khon sòng khǒrng
Zimmermädchen (n)	แม่บ้าน	mâe bâan
Wächter (m)	ยาม	yaam
Flugbegleiterin (f)	พนักงวนต้อนรับบนเครื่องบิน	phá-nák ngaan dtôrn ráp bon khrêuang bin
Lehrer (m)	อาจารย์	aa-jaan
Bibliothekar (m)	บรรณารักษ์	ban-naa-rák
Übersetzer (m)	นักแปล	nák bplae
Dolmetscher (m)	ล่าม	lâam
Fromdonführor (m)	มัคคุเทศก์	mák-khú-thâyt
Friseur (m)	ช่างทำผม	châang tham phǒm
Briefträger (m)	บุรุษไปรษณีย์	bù-rùt bprai-sà-nee
Verkäufer (m)	คนขายของ	khon khǎai khǒrng
Gärtner (m)	ชาวสวน	chaao sǔan
Diener (m)	คนใช้	khon chái
Magd (f)	สาวใช้	sǎao chái
Putzfrau (f)	คนทำความสะอาด	khon tham khwaam sà-àat

88. Militärdienst und Ränge

einfacher Soldat (m)	พลทหาร	phon-thá-hǎan
Feldwebel (m)	สิบเอก	sìp àyk
Leutnant (m)	ร้อยโท	rói thoh
Hauptmann (m)	ร้อยเอก	rói àyk
Major (m)	พลตรี	phon-dtree

Oberst (m)	พันเอก	phan àyk
General (m)	นายพล	naai phon
Marschall (m)	จอมพล	jorm phon
Admiral (m)	พลเรือเอก	phon reua àyk

Militärperson (f)	ทางทหาร	thaang thá-hǎan
Soldat (m)	ทหาร	thá-hǎan
Offizier (m)	นายทหาร	naai thá-hǎan
Kommandeur (m)	ผู้บัญชาการ	phôo ban-chaa gaan

Grenzsoldat (m)	ยามเฝ้าชายแดน	yaam fâo chaai daen
Funker (m)	พลวิทยุ	phon wít-thá-yú
Aufklärer (m)	ทหารพราน	thá-hǎan phraan
Pionier (m)	ทหารช่าง	thá-hǎan châang
Schütze (m)	พลแมนปืน	phon mâen bpeun
Steuermann (m)	ตนหน	dtôn hǒn

89. Beamte. Priester

| König (m) | กษัตริย์ | gà-sàt |
| Königin (f) | ราชินี | raa-chí-nee |

| Prinz (m) | เจ้าชาย | jâo chaai |
| Prinzessin (f) | เจาหญิง | jâo yǐng |

| Zar (m) | ซาร์ | saa |
| Zarin (f) | ซารีนา | saa-ree-naa |

Präsident (m)	ประธานาธิบดี	bprà-thaa-naa-thí-bor-dee
Minister (m)	รัฐมนตรี	rát-thà-mon-dtree
Ministerpräsident (m)	นายกรัฐมนตรี	naa-yók rát-thà-mon-dtree
Senator (m)	สมาชิกวุฒิสภา	sà-maa-chík wút-thí sà-phaa

Diplomat (m)	นักการทูต	nák gaan thôot
Konsul (m)	กงสุล	gong-sǔn
Botschafter (m)	เอกอัครราชทูต	àyk-gà-àk-krá-râat-chá-tôot
Ratgeber (m)	เจาหน้าที่การทูต	jâo nâa-thêe gaan thôot

Beamte (m)	ข้าราชการ	khâa râat-chá-gaan
Präfekt (m)	เจาหน้าที่	jâo nâa-thêe
Bürgermeister (m)	นายกเทศมนตรี	naa-yók thâyt-sà-mon-dtree

| Richter (m) | ผู้พิพากษา | phôo phí-phâak-sǎa |
| Staatsanwalt (m) | อัยการ | ai-yá-gaan |

| Missionar (m) | ผู้สอนศาสนา | phôo sǒrn sàat-sà-nǎa |
| Mönch (m) | พระ | phrá |

| Abt (m) | เจ้าอาวาส | jâo aa-wâat |
| Rabbiner (m) | พระในศาสนายิว | phrá nai sàat-sà-nǎa yiw |

Wesir (m)	วีซีร์	wee see
Schah (n)	กษัตริย์อิหร่าน	gà-sàt i-ràan
Scheich (m)	หัวหน้าเผ่าอาหรับ	hǔa nâa phào aa-ràp

90. Landwirtschaftliche Berufe

Bienenzüchter (m)	คนเลี้ยงผึ้ง	khon líang phêung
Hirt (m)	คนเลี้ยงปศุสัตว์	khon líang bpà-sù-sàt
Agronom (m)	นักปฐพีวิทยา	nák bpà-tà-phee wít-thá-yaa
Viehzüchter (m)	ผู้ขยายพันธุ์สัตว์	phôo khà-yǎai phan sàt
Tierarzt (m)	สัตวแพทย์	sàt phâet
Farmer (m)	ชาวนา	chaao naa
Winzer (m)	ผู้ผลิตไวน์	phôo phà-lìt wai
Zoologe (m)	นักสัตววิทยา	nák sàt wít-thá-yaa
Cowboy (m)	โคบาล	khoh-baan

91. Künstler

Schauspieler (m)	นักแสดงชาย	nák sà-daeng chaai
Schauspielerin (f)	นักแสดงหญิง	nák sà-daeng yǐng
Sänger (m)	นักร้องชาย	nák rórng chaai
Sängerin (f)	นักร้องหญิง	nák rórng yǐng
Tänzer (m)	นักเต้นชาย	nák dtên chaai
Tänzerin (f)	นักเต้นหญิง	nák dtên yǐng
Künstler (m)	นักแสดงชาย	nák sà-daeng chaai
Künstlerin (f)	นักแสดงหญิง	nák sà-daeng yǐng
Musiker (m)	นักดนตรี	nák don-dtree
Pianist (m)	นักเปียโน	nák bpia noh
Gitarrist (m)	ผู้เล่นกีตาร์	phôo lên gee-dtâa
Dirigent (m)	ผู้ควบคุมวงดนตรี	phôo khûap khum wong don-dtree
Komponist (m)	นักแต่งเพลง	nák dtàeng phlayng
Manager (m)	ผู้ควบคุมการแสดง	phôo khûap khum gaan sà-daeng
Regisseur (m)	ผู้กำกับภาพยนตร์	phôo gam-gàp phâap-phá-yon
Produzent (m)	ผู้อำนวยการสร้าง	phôo am-nuay gaan sâang
Drehbuchautor (m)	คนเขียนบทภาพยนตร์	khon khǐan bòt phâap-phá-yon
Kritiker (m)	นักวิจารณ์	nák wí-jaan
Schriftsteller (m)	นักเขียน	nák khǐan
Dichter (m)	นักกวี	nák gà-wee
Bildhauer (m)	ช่างสลัก	châang sà-làk
Maler (m)	ช่างวาดรูป	châang wâat rôop
Jongleur (m)	นักมายากลโยนของ	nák maa-yaa gon yohn khǒrng
Clown (m)	ตัวตลก	dtua dtà-lòk
Akrobat (m)	นักกายกรรม	nák gaai-yá-gam
Zauberkünstler (m)	นักเล่นกล	nák lên gon

92. Verschiedene Berufe

Arzt (m)	แพทย์	phâet
Krankenschwester (f)	พยาบาล	phá-yaa-baan
Psychiater (m)	จิตแพทย์	jìt-dtà-phâet
Zahnarzt (m)	ทันตแพทย์	than-dtà phâet
Chirurg (m)	ศัลยแพทย์	săn-yá-phâet
Astronaut (m)	นักบินอวกาศ	nák bin a-wá-gàat
Astronom (m)	นักดาราศาสตร์	nák daa-raa sàat
Pilot (m)	นักบิน	nák bin
Fahrer (Taxi-)	คนขับ	khon khàp
Lokomotivführer (m)	คนขับรถไฟ	khon khàp rót fai
Mechaniker (m)	ช่างเครื่อง	châang khrêuang
Bergarbeiter (m)	คนงานเหมือง	khon ngaan měuang
Arbeiter (m)	คนงาน	khon ngaan
Schlosser (m)	ช่างโลหะ	châang loh-hà
Tischler (m)	ช่างไม้	châang máai
Dreher (m)	ช่างกลึง	châang gleung
Bauarbeiter (m)	คนงานก่อสร้าง	khon ngaan gòr sâang
Schweißer (m)	ช่างเชื่อม	châang chêuam
Professor (m)	ศาสตราจารย์	sàat-sà-dtraa-jaan
Architekt (m)	สถาปนิก	sà-thăa-bpà-ník
Historiker (m)	นักประวัติศาสตร์	nák bprà-wàt sàat
Wissenschaftler (m)	นักวิทยาศาสตร์	nák wít-thá-yaa sàat
Physiker (m)	นักฟิสิกส์	nák fí-sìk
Chemiker (m)	นักเคมี	nák khay-mee
Archäologe (m)	นักโบราณคดี	nák boh-raan-ná-khá-dee
Geologe (m)	นักธรณีวิทยา	nák thor-rá-nee wít-thá-yaa
Forscher (m)	ผู้วิจัย	phôo wí-jai
Kinderfrau (f)	พี่เลี้ยงเด็ก	phêe líang dèk
Lehrer (m)	อาจารย์	aa-jaan
Redakteur (m)	บรรณาธิการ	ban-naa-thí-gaan
Chefredakteur (m)	หัวหน้าบรรณาธิการ	hŭa nâa ban-naa-thí-gaan
Korrespondent (m)	ผู้สื่อข่าว	phôo sèu khàao
Schreibkraft (f)	พนักงานพิมพ์ดีด	phá-nák ngaan phim dèet
Designer (m)	นักออกแบบ	nák òrk bàep
Computerspezialist (m)	ผู้เชี่ยวชาญด้าน คอมพิวเตอร์	pôo chîeow-chaan dâan khorm-piw-dtêr
Programmierer (m)	นักเขียนโปรแกรม	nák khĭan bproh-graem
Ingenieur (m)	วิศวกร	wít-sà-wá-gon
Seemann (m)	กะลาสี	gà-laa-sĕe
Matrose (m)	คนเรือ	khon reua
Retter (m)	นักกู้ภัย	nák gôo phai
Feuerwehrmann (m)	เจ้าหน้าที่ดับเพลิง	jâo nâa-thêe dàp phlerng
Polizist (m)	เจาหนาที่ตำรวจ	jâo nâa-thêe dtam-rùat

| Nachtwächter (m) | คนยาม | khon yaam |
| Detektiv (m) | นักสืบ | nák sèup |

Zollbeamter (m)	เจ้าหน้าที่ศุลกากร	jâo nâa-thêe sǔn-lá-gaa-gon
Leibwächter (m)	ยุคุมกัน	phôo khúm gan
Gefängniswärter (m)	ยุคุม	phôo khum
Inspektor (m)	ยูตรวจการ	phôo dtrùat gaan

Sportler (m)	นักกีฬา	nák gee-laa
Trainer (m)	โคช	khóht
Fleischer (m)	คนขายเนื้อ	khon khǎai néua
Schuster (m)	คนซ่อมรองเท้า	khon sôrm rorng tháo
Geschäftsmann (m)	คนคา	khon kháa
Ladearbeiter (m)	คนงานยกของ	khon ngaan yók khǒrng

| Modedesigner (m) | นักออกแบบแฟชั่น | nák òrk bàep fae-chân |
| Modell (n) | นางแบบ | naang bàep |

93. Beschäftigung. Sozialstatus

| Schüler (m) | นักเรียน | nák rian |
| Student (m) | นักศึกษา | nák sèuk-sǎa |

Philosoph (m)	นักปราชญ์	nák bpràat
Ökonom (m)	นักเศรษฐศาสตร์	nák sàyt-thà-sàat
Erfinder (m)	นักประดิษฐ์	nák bprà-dìt

Arbeitslose (m)	คนว่างงาน	khon wâang ngaan
Rentner (m)	ยูเกษียณอายุ	phôo gà-sǐan aa-yú
Spion (m)	สายลับ	sǎai láp

Gefangene (m)	นักโทษ	nák thôht
Streikender (m)	คนนัดหยุดงาน	kon nát yùt ngaan
Bürokrat (m)	อำมาตย์	am-màat
Reisende (m)	นักเดินทาง	nák dern-thaang

Homosexuelle (m)	ผู้รักเพศเดียวกัน	phôo rák phâyt dieow gan
Hacker (m)	แฮ็กเกอร์	háek-gêr
Hippie (m)	ฮิปปี้	híp-bpêe

Bandit (m)	โจร	john
Killer (m)	นักฆ่า	nák khâa
Drogenabhängiger (m)	ยูติดยาเสพติด	phôo dtìt yaa-sàyp-dtìt
Drogenhändler (m)	ยูคายาเสพติด	phôo kháa yaa-sàyp-dtìt

| Prostituierte (f) | โสเภณี | sǒh-phay-nee |
| Zuhälter (m) | แมงดา | maeng-daa |

Zauberer (m)	พ่อมด	phôr mót
Zauberin (f)	แม่มด	mâe mót
Seeräuber (m)	โจรสลัด	john sà-làt
Sklave (m)	ทาส	thâat
Samurai (m)	ซามูไร	saa-moo-rai
Wilde (m)	คนป่าเถื่อน	khon bpàa thèuan

Ausbildung

94. Schule

Schule (f)	โรงเรียน	rohng rian
Schulleiter (m)	อาจารย์ใหญ่	aa-jaan yài
Schüler (m)	นักเรียน	nák rian
Schülerin (f)	นักเรียน	nák rian
Schuljunge (m)	เด็กนักเรียนชาย	dèk nák rian chaai
Schulmädchen (f)	เด็กนักเรียนหญิง	dèk nák rian yïng
lehren (vt)	สอน	sŏrn
lernen (Englisch ~)	เรียน	rian
auswendig lernen	ท่องจำ	thôrng jam
lernen (vi)	เรียน	rian
in der Schule sein	ไปโรงเรียน	bpai rohng rian
die Schule besuchen	ไปโรงเรียน	bpai rohng rian
Alphabet (n)	ตัวอักษร	dtua àk-sŏn
Fach (n)	วิชา	wí-chaa
Klassenraum (m)	ห้องเรียน	hôrng rian
Stunde (f)	ชั่วโมงเรียน	chûa mohng rian
Pause (f)	ช่วงพัก	chûang phák
Schulglocke (f)	สัญญาณหมดเรียน	săn-yaan mòt rian
Schulbank (f)	โต๊ะนักเรียน	dtó nák rian
Tafel (f)	กระดานดำ	grà-daan dam
Note (f)	เกรด	gràyt
gute Note (f)	เกรดดี	gràyt dee
schlechte Note (f)	เกรดแย่	gràyt yâe
eine Note geben	ให้เกรด	hâi gràyt
Fehler (m)	ข้อผิดพลาด	khôr phìt phlâat
Fehler machen	ทำผิดพลาด	tham phìt phlâat
korrigieren (vt)	แก้ไข	gâe khăi
Spickzettel (m)	โพย	phoi
Hausaufgabe (f)	การบ้าน	gaan bâan
Übung (f)	แบบฝึกหัด	bàep fèuk hàt
anwesend sein	มาเรียน	maa rian
fehlen (in der Schule ~)	ขาด	khàat
versäumen (Schule ~)	ขาดเรียน	khàat rian
bestrafen (vt)	ลงโทษ	long thôht
Strafe (f)	การลงโทษ	gaan long thôht
Benehmen (n)	ความประพฤติ	khwaam bprà-préut

Zeugnis (n)	สมุดพก	sà-mùt phók
Bleistift (m)	ดินสอ	din-sŏr
Radiergummi (m)	ยางลบ	yaang lóp
Kreide (f)	ชอลค	chôrk
Federkasten (m)	กล่องดินสอ	glòrng din-sŏr

Schulranzen (m)	กระเป๋า	grà-bpăo
Kugelschreiber, Stift (m)	ปากกา	bpàak gaa
Heft (n)	สมุดจด	sà-mùt jòt
Lehrbuch (n)	หนังสือเรียน	năng-sĕu rian
Zirkel (m)	วงเวียน	wong wian

| zeichnen (vt) | ร่างภาพทางเทคนิค | râang phâap thaang thék-nìk |
| Zeichnung (f) | ภาพร่างทางเทคนิค | phâap-râang thaang thék-nìk |

Gedicht (n)	กลอน	glorn
auswendig (Adv)	โดยทองจำ	doi thôrng jam
auswendig lernen	ทองจำ	thôrng jam

Ferien (pl)	เวลาปิดเทอม	way-laa bpìt therm
in den Ferien sein	หยุดปิดเทอม	yùt bpìt therm
Ferien verbringen	ใช้เวลาหยุดปิดเทอม	chái way-laa yùt bpìt therm

Test (m), Prüfung (f)	การทดสอบ	gaan thót sòrp
Aufsatz (m)	ความเรียง	khwaam riang
Diktat (n)	การเขียนตามคำบอก	gaan khĭan dtaam kam bòrk
Prüfung (f)	การสอบ	gaan sòrp
Prüfungen ablegen	สอบไล	sòrp lâi
Experiment (n)	การทดลอง	gaan thót lorng

95. Hochschule. Universität

Akademie (f)	โรงเรียน	rohng rian
Universität (f)	มหาวิทยาลัย	má-hăa wít-thá-yaa-lai
Fakultät (f)	คณะ	khá ná

Student (m)	นักศึกษา	nák sèuk-săa
Studentin (f)	นักศึกษา	nák sèuk-săa
Lehrer (m)	อาจารย	aa-jaan

| Hörsaal (m) | ห้องบรรยาย | hôrng ban-yaai |
| Hochschulabsolvent (m) | บัณฑิต | ban-dìt |

| Diplom (n) | อนุปริญญา | a-nú bpà-rin-yaa |
| Dissertation (f) | ปริญญานิพนธ | bpà-rin-yaa ní-phon |

| Forschung (f) | การวิจัย | gaan wí-jai |
| Labor (n) | หองปฏิบัติการ | hôrng bpà-dtì-bàt gaan |

| Vorlesung (f) | การบรรยาย | gaan ban-yaai |
| Kommilitone (m) | เพื่อนรวมชั้น | phêuan rûam chán |

| Stipendium (n) | ทุน | thun |
| akademischer Grad (m) | วุฒิการศึกษา | wút-thí gaan sèuk-săa |

96. Naturwissenschaften. Fächer

Mathematik (f)	คณิตศาสตร์	khá-nít sàat
Algebra (f)	พีชคณิต	phee-chá-khá-nít
Geometrie (f)	เรขาคณิต	ray-khǎa khá-nít
Astronomie (f)	ดาราศาสตร์	daa-raa sàat
Biologie (f)	ชีววิทยา	chee-wá-wít-thá-yaa
Erdkunde (f)	ภูมิศาสตร์	phoo-mí-sàat
Geologie (f)	ธรณีวิทยา	thor-rá-nee wít-thá-yaa
Geschichte (f)	ประวัติศาสตร์	bprà-wàt sàat
Medizin (f)	แพทยศาสตร์	phâet-tha-ya-sàat
Pädagogik (f)	ครุศาสตร์	khrú sàat
Recht (n)	ธรรมศาสตร์	tham-ma -sàat
Physik (f)	ฟิสิกส์	fí-sìk
Chemie (f)	เคมี	khay-mee
Philosophie (f)	ปรัชญา	bpràt-yaa
Psychologie (f)	จิตวิทยา	jìt-wít-thá-yaa

97. Schrift Rechtschreibung

Grammatik (f)	ไวยากรณ์	wai-yaa-gon
Lexik (f)	คำศัพท	kham sàp
Phonetik (f)	การออกเสียง	gaan òrk sǐang
Substantiv (n)	นาม	naam
Adjektiv (n)	คำคุณศัพท์	kham khun-ná-sàp
Verb (n)	กริยา	grì-yaa
Adverb (n)	คำวิเศษณ์	kham wí-sàyt
Pronomen (n)	คำสรรพนาม	kham sàp-phá-naam
Interjektion (f)	คำอุทาน	kham u-thaan
Präposition (f)	คำบุพบท	kham bùp-phá-bòt
Wurzel (f)	รากศัพท์	râak sàp
Endung (f)	คำลงท้าย	kham long tháai
Vorsilbe (f)	คำนำหน้า	kham nam nâa
Silbe (f)	พยางค์	phá-yaang
Suffix (n), Nachsilbe (f)	คำเสริมท้าย	kham sěrm tháai
Betonung (f)	เครื่องหมายเน้น	khrêuang mǎai náyn
Apostroph (m)	อะพอสทรอฟี	à-phor-sòt-ror-fee
Punkt (m)	จุด	jùt
Komma (n)	จุลภาค	jun-lá-phâak
Semikolon (n)	อัฒภาค	àt-thá-phâak
Doppelpunkt (m)	ทวิภาค	thá-wí phâak
Auslassungspunkte (pl)	การละไว้	gaan lá wái
Fragezeichen (n)	เครื่องหมายปรัศนี	khrêuang mǎai bpràt-nee
Ausrufezeichen (n)	เครื่องหมายอัศเจรีย์	khrêuang mǎai àt-sà-jay-ree

Anführungszeichen (pl)	อัญประกาศ	an-yá-bprà-gàat
in Anführungszeichen	ในอัญประกาศ	nai an-yá-bprà-gàat
runde Klammern (pl)	วงเล็บ	wong lép
in Klammern	ในวงเล็บ	nai wong lép

Bindestrich (m)	ยัติภังค์	yát-dtì-phang
Gedankenstrich (m)	ขีดคั่น	khèet khân
Leerzeichen (n)	ชองไฟ	chôrng fai

| Buchstabe (m) | ตัวอักษร | dtua àk-sŏn |
| Großbuchstabe (m) | อักษรตัวใหญ่ | àk-sŏn dtua yài |

| Vokal (m) | สระ | sà-ra |
| Konsonant (m) | พยัญชนะ | phá-yan-chá-ná |

Satz (m)	ประโยค	bprà-yòhk
Subjekt (n)	ภาคประธาน	phâak bprà-thaan
Prädikat (n)	ภาคแสดง	phâak sà-daeng

Zeile (f)	บรรทัด	ban-thát
in einer neuen Zeile	ที่บรรทัดใหม่	têe ban-thát mài
Absatz (m)	วรรค	wák

Wort (n)	คำ	kham
Wortverbindung (f)	กลุ่มคำ	glùm kham
Redensart (f)	วลี	wá-lee
Synonym (n)	คำพ้องความหมาย	kham phóng khwaam măai
Antonym (n)	คำตรงกันขาม	kham dtrorng gan khâam

Regel (f)	กฎ	gòt
Ausnahme (f)	ขอยกเว้น	khôr yok-wâyn
richtig (Adj)	ถูก	thòok

Konjugation (f)	คอนจูเกชัน	khorn joo gay chan
Deklination (f)	การกระจายคำ	gaan grà-jaai kham
Kasus (m)	การก	gaa-rók
Frage (f)	คำถาม	kham thăam
unterstreichen (vt)	ขีดเสนใต้	khèet sên dtâi
punktierte Linie (f)	เสนประ	sên bprà

98. Fremdsprachen

Sprache (f)	ภาษา	phaa-săa
Fremd-	ตางชาติ	dtàang châat
Fremdsprache (f)	ภาษาตางชาติ	phaa-săa dtàang châat
studieren (z.B. Jura ~)	เรียน	rian
lernen (Englisch ~)	เรียน	rian

lesen (vi, vt)	อาน	àan
sprechen (vi, vt)	พูด	phôot
verstehen (vt)	เขาใจ	khâo jai
schreiben (vi, vt)	เขียน	khĭan
schnell (Adv)	รวดเร็ว	rûat reo
langsam (Adv)	อยางชา	yàang cháa

fließend (Adv)	อย่างคล่อง	yàang khlôrng
Regeln (pl)	กฎ	gòt
Grammatik (f)	ไวยากรณ์	wai-yaa-gon
Vokabular (n)	คำศัพท์	kham sàp
Phonetik (f)	การออกเสียง	gaan òrk sĭang
Lehrbuch (n)	หนังสือเรียน	năng-sĕu rian
Wörterbuch (n)	พจนานุกรม	phót-jà-naa-nú-grom
Selbstlernbuch (n)	หนังสือแบบเรียน ดวยตนเอง	năng-sĕu bàep rian dûay dton ayng
Sprachführer (m)	เฟรสบุก	frayt bùk
Kassette (f)	เทปคาสเซ็ตต์	thâyp khaas-sét
Videokassette (f)	วิดีโอ	wí-dee-oh
CD (f)	CD	see-dee
DVD (f)	DVD	dee-wee-dee
Alphabet (n)	ตัวอักษร	dtua àk-sŏn
buchstabieren (vt)	สะกด	sà-gòt
Aussprache (f)	การออกเสียง	gaan òrk sĭang
Akzent (m)	สำเนียง	săm-niang
mit Akzent	มีสำเนียง	mee săm-niang
ohne Akzent	ไม่มีสำเนียง	mâi mee săm-niang
Wort (n)	คำ	kham
Bedeutung (f)	ความหมาย	khwaam măai
Kurse (pl)	หลักสูตร	làk sòot
sich einschreiben	สมัคร	sà-màk
Lehrer (m)	อาจารย์	aa-jaan
Übertragung (f)	การแปล	gaan bplae
Übersetzung (f)	คำแปล	kham bplae
Übersetzer (m)	นักแปล	nák bplae
Dolmetscher (m)	ลาม	lâam
Polyglott (m, f)	ผู้รู้หลายภาษา	phôo róo lăai paa-săa
Gedächtnis (n)	ความทรงจำ	khwaam song jam

Erholung. Unterhaltung. Reisen

99. Ausflug. Reisen

Tourismus (m)	การท่องเที่ยว	gaan thôrng thîeow
Tourist (m)	นักท่องเที่ยว	nák thôrng thîeow
Reise (f)	การเดินทาง	gaan dern thaang
Abenteuer (n)	การผจญภัย	gaan phà-jon phai
Fahrt (f)	การเดินทาง	gaan dern thaang
Urlaub (m)	วันหยุดพักผ่อน	wan yùt phák phòrn
auf Urlaub sein	หยุดพักผอน	yùt phák phòrn
Erholung (f)	การพัก	gaan phák
Zug (m)	รถไฟ	rót fai
mit dem Zug	โดยรถไฟ	doi rót fai
Flugzeug (n)	เครื่องบิน	khrêuang bin
mit dem Flugzeug	โดยเครื่องบิน	doi khrêuang bin
mit dem Auto	โดยรถยนต	doi rót-yon
mit dem Schiff	โดยเรือ	doi reua
Gepäck (n)	สัมภาระ	săm-phaa-rá
Koffer (m)	กระเป๋าเดินทาง	grà-bpăo dern-thaang
Gepäckwagen (m)	รถขนสัมภาระ	rót khŏn săm-phaa-rá
Pass (m)	หนังสือเดินทาง	năng-sĕu dern-thaang
Visum (n)	วีซา	wee-sâa
Fahrkarte (f)	ตั๋ว	dtŭa
Flugticket (n)	ตั๋วเครื่องบิน	dtŭa khrêuang bin
Reiseführer (m)	หนังสือแนะนำ	năng-sĕu náe nam
Landkarte (f)	แผนที่	phăen thêe
Gegend (f)	เขต	khàyt
Ort (wunderbarer ~)	สถานที่	sà-thăan thêe
Exotika (pl)	สิ่งแปลกใหม่	sìng bplàek mài
exotisch	ตางแดน	dtàang daen
erstaunlich (Adj)	นาประหลาดใจ	nâa bprà-làat jai
Gruppe (f)	กลุ่ม	glùm
Ausflug (m)	การเดินทาง	gaan dern taang
	ทองเที่ยว	thôrng thîeow
Reiseleiter (m)	มัคคุเทศก	mák-khú-thâyt

100. Hotel

Hotel (n)	โรงแรม	rohng raem
Motel (n)	โรงแรม	rohng raem

93

drei Sterne	สามดาว	săam daao
fünf Sterne	หาดาว	hâa daao
absteigen (vi)	พัก	phák

Hotelzimmer (n)	ห้อง	hôrng
Einzelzimmer (n)	ห้องเดี่ยว	hôrng dìeow
Zweibettzimmer (n)	หองคู่	hôrng khôo
reservieren (vt)	จองหอง	jorng hôrng

| Halbpension (f) | พักครึ่งวัน | phák khrêung wan |
| Vollpension (f) | พักเต็มวัน | phák dtem wan |

mit Bad	มีห้องอาบน้ำ	mee hôrng àap náam
mit Dusche	มีฝักบัว	mee fàk bua
Satellitenfernsehen (n)	โทรทัศน์ดาวเทียม	thoh-rá-thát daao thiam
Klimaanlage (f)	เครื่องปรับอากาศ	khrêuang bpràp-aa-gàat
Handtuch (n)	ผ้าเช็ดตัว	phâa chét dtua
Schlüssel (m)	กุญแจ	gun-jae

Verwalter (m)	นักบริหาร	nák bor-rí-hăan
Zimmermädchen (n)	แม่บ้าน	mâe bâan
Träger (m)	พนักงาน, ขนกระเป๋า	phá-nák ngaan khŏn grà-bpăo
Portier (m)	พนักงาน เปิดประตู	phá-nák ngaan bpèrt bprà-dtoo

Restaurant (n)	ร้านอาหาร	ráan aa-hăan
Bar (f)	บาร์	baa
Frühstück (n)	อาหารเช้า	aa-hăan cháo
Abendessen (n)	อาหารเย็น	aa-hăan yen
Buffet (n)	บุฟเฟต์	bùf-fây

| Foyer (n) | ล็อบบี้ | lórp-bêe |
| Aufzug (m), Fahrstuhl (m) | ลิฟต์ | líf |

| BITTE NICHT STÖREN! | ห้ามรบกวน | hâam róp guan |
| RAUCHEN VERBOTEN! | หามสูบบุหรี่ | hâam sòop bù rèe |

TECHNISCHES ZUBEHÖR. TRANSPORT

Technisches Zubehör

101. Computer

Computer (m)	คอมพิวเตอร์	khorm-phiw-dtêr
Laptop (m), Notebook (n)	โน้ตบุ๊ค	nóht búk
einschalten (vt)	เปิด	bpèrt
abstellen (vt)	ปิด	bpìt
Tastatur (f)	แป้นพิมพ์	bpâen phim
Taste (f)	ปุ่ม	bpùm
Maus (f)	เมาส์	mao
Mousepad (n)	แผ่นรองเมาส์	phàen rorng mao
Knopf (m)	ปุ่ม	bpùm
Cursor (m)	เคอร์เซอร์	khêr-sêr
Monitor (m)	จอมอนิเตอร์	jor mor-ní-dtêr
Schirm (m)	หน้าจอ	nâa jor
Festplatte (f)	ฮาร์ดดิสก์	hâat-dìt
Festplattengröße (f)	ความจุฮาร์ดดิสก์	kwaam jù hâat-dìt
Speicher (m)	หน่วยความจำ	nùay khwaam jam
Arbeitsspeicher (m)	หน่วยความจำ	nùay khwaam jam
	เข้าถึงโดยสุ่ม	khâo thěung doi sùm
Datei (f)	ไฟล์	fai
Ordner (m)	โฟลเดอร์	fohl-dêr
öffnen (vt)	เปิด	bpèrt
schließen (vt)	ปิด	bpìt
speichern (vt)	บันทึก	ban-théuk
löschen (vt)	ลบ	lóp
kopieren (vt)	คัดลอก	khát lôrk
sortieren (vt)	จัดเรียง	jàt riang
transferieren (vt)	ทำสำเนา	tham săm-nao
Programm (n)	โปรแกรม	bproh-graem
Software (f)	ซอฟต์แวร์	sôf-wae
Programmierer (m)	นักเขียนโปรแกรม	nák khĭan bproh-graem
programmieren (vt)	เขียนโปรแกรม	khĭan bproh-graem
Hacker (m)	แฮ็กเกอร์	háek-gêr
Kennwort (n)	รหัสผ่าน	rá-hàt phàan
Virus (m, n)	ไวรัส	wai-rát
entdecken (vt)	ตรวจพบ	dtrùat phóp

| Byte (n) | ไบท์ | bai |
| Megabyte (n) | เมกะไบท์ | may-gà-bai |

| Daten (pl) | ข้อมูล | khôr moon |
| Datenbank (f) | ฐานขอมูล | thăan khôr moon |

Kabel (n)	สายเคเบิล	săai khay-bêrn
trennen (vt)	ตัดการเชื่อมตอ	dtàt gaan chêuam dtòr
anschließen (vt)	เชื่อมตอ	chêuam dtòr

102. Internet. E-Mail

Internet (n)	อินเทอร์เน็ต	in-thêr-nét
Browser (m)	เบราวเซอร	brao-sêr
Suchmaschine (f)	โปรแกรมคนหา	bproh-graem khón hăa
Provider (m)	ผูใหบริการ	phôo hâi bor-rí-gaan

Webmaster (m)	เว็บมาสเตอร์	wép-mâat-dtêr
Website (f)	เว็บไซต	wép sai
Webseite (f)	เว็บเพจ	wép phâyt

| Adresse (f) | ที่อยู่ | thêe yòo |
| Adressbuch (n) | สมุดที่อยู่ | sà-mùt thêe yòo |

Mailbox (f)	กล่องจดหมายอีเมลล์	glòrng jòt măai ee-mayn
Post (f)	จดหมาย	jòt măai
überfüllt (-er Briefkasten)	เต็ม	dtem

Mitteilung (f)	ข้อความ	khôr khwaam
eingehenden Nachrichten	ขอความขาเข้า	khôr khwaam khăa khâo
ausgehenden Nachrichten	ขอความขาออก	khôr khwaam khăa òrk

Absender (m)	ผูสง	phôo sòng
senden (vt)	สง	sòng
Absendung (f)	การสง	gaan sòng

| Empfänger (m) | ผูรับ | phôo ráp |
| empfangen (vt) | รับ | ráp |

| Briefwechsel (m) | การติดต่อกัน ทางจดหมาย | gaan dtìt dtòr gan thaang jòt măai |
| im Briefwechsel stehen | ติดต่อกันทางจดหมาย | dtìt dtòr gan thaang jòt măai |

Datei (f)	ไฟล์	fai
herunterladen (vt)	ดาวนโหลด	daao lòht
schaffen (vt)	สราง	sâang
löschen (vt)	ลบ	lóp
gelöscht (Datei)	ถูกลบ	thòok lóp

Verbindung (f)	การเชื่อมต่อ	gaan chêuam dtòr
Geschwindigkeit (f)	ความเร็ว	khwaam reo
Modem (n)	โมเต็ม	moh-dem
Zugang (m)	การเขาถึง	gaan khâo thĕung
Port (m)	พอรท	phôt

Anschluss (m)	การเชื่อมต่อ	gaan chêuam dtòr
sich anschließen	เชื่อมต่อกับ...	chêuam dtòr gàp...
auswählen (vt)	เลือก	lêuak
suchen (vt)	คนหา	khón hǎa

103. Elektrizität

Elektrizität (f)	ไฟฟ้า	fai fáa
elektrisch	ทางไฟฟ้า	thaang fai-fáa
Elektrizitätswerk (n)	โรงไฟฟ้า	rohng fai-fáa
Energie (f)	พลังงาน	phá-lang ngaan
Strom (m)	กำลังไฟฟ้า	gam-lang fai-fáa
Glühbirne (f)	หลอดไฟฟ้า	lòrt fai fáa
Taschenlampe (f)	ไฟฉาย	fai chǎai
Straßenlaterne (f)	เสาไฟถนน	sǎo fai thà-nǒn
Licht (n)	ไฟ	fai
einschalten (vt)	เปิด	bpèrt
ausschalten (vt)	ปิด	bpìt
das Licht ausschalten	ปิดไฟ	bpìt fai
durchbrennen (vi)	ขาด	khàat
Kurzschluss (m)	การลัดวงจร	gaan lát wong-jon
Riß (m)	สายขาด	sǎai khàat
Kontakt (m)	สายต่อกัน	sǎai dtòr gan
Schalter (m)	สวิตช์ไฟ	sà-wít fai
Steckdose (f)	เต้าเสียบปลั๊กไฟ	dtâo sìap bplák fai
Stecker (m)	ปลั๊กไฟ	bplák fai
Verlängerung (f)	สายพวงไฟ	sǎai phûang fai
Sicherung (f)	ฟิวส์	fiw
Leitungsdraht (m)	สายไฟ	sǎai fai
Verdrahtung (f)	การเดินสายไฟ	gaan dern sǎai fai
Ampere (n)	แอมแปร์	aem-bpae
Stromstärke (f)	กำลังไฟฟ้า	gam-lang fai-fáa
Volt (n)	โวลต์	wohn
Voltspannung (f)	แรงดันไฟฟ้า	raeng dan fai fáa
Elektrogerät (n)	เครื่องใช้ไฟฟ้า	khrêuang chái fai fáa
Indikator (m)	ตัวระบุ	dtua rá-bù
Elektriker (m)	ช่างไฟฟ้า	châang fai-fáa
löten (vt)	บัดกรี	bàt-gree
Lötkolben (m)	หัวแรงบัดกรี	hǔa raeng bàt-gree
Strom (m)	กระแสไฟฟ้า	grà-sǎe fai fáa

104. Werkzeug

| Werkzeug (n) | เครื่องมือ | khrêuang meu |
| Werkzeuge (pl) | เครื่องมือ | khrêuang meu |

Ausrüstung (f)	อุปกรณ์	ù-bpà-gon
Hammer (m)	ค้อน	khórn
Schraubenzieher (m)	ไขควง	khǎi khuang
Axt (f)	ขวาน	khwǎan

Säge (f)	เลื่อย	lêuay
sägen (vt)	เลื่อย	lêuay
Hobel (m)	กบไสไม้	gòp sǎi máai
hobeln (vt)	ไสกบ	sǎi gòp
Lötkolben (m)	หัวแรงบัดกรี	hǔa ráeng bàt-gree
löten (vt)	บัดกรี	bàt-gree

Feile (f)	ตะไบ	dtà-bai
Kneifzange (f)	คีม	kheem
Flachzange (f)	คีมปอกสายไฟ	kheem bpòk sǎai fai
Stemmeisen (n)	สิ่ว	sìw

Bohrer (m)	หัวสว่าน	hǔa sà-wàan
Bohrmaschine (f)	สว่านไฟฟ้า	sà-wàan fai fáa
bohren (vt)	เจาะ	jòr

Messer (n)	มีด	mêet
Taschenmesser (n)	มีดพก	mêet phók
Klinge (f)	ใบ	bai

scharf (-e Messer usw.)	คม	khom
stumpf	ทื่อ	thêu
stumpf werden (vi)	ทำให้...ทื่อ	tham hâi...thêu
schärfen (vt)	ลับคม	láp khom

Bolzen (m)	สลักเกลียว	sà-làk glieow
Mutter (f)	แหวนสกรู	wǎen sà-groo
Gewinde (n)	เกลียว	glieow
Holzschraube (f)	สกรู	sà-groo

| Nagel (m) | ตะปู | dtà-bpoo |
| Nagelkopf (m) | หัวตะปู | hǔa dtà-bpoo |

Lineal (n)	ไม้บรรทัด	máai ban-thát
Metermaß (n)	เทปวัดระยะทาง	thâyp wát rá-yá taang
Wasserwaage (f)	เครื่องวัดระดับน้ำ	khrêuang wát rá-dàp náam
Lupe (f)	แว่นขยาย	wâen khà-yǎai

Messinstrument (n)	เครื่องมือวัด	khrêuang meu wát
messen (vt)	วัด	wát
Skala (f)	อัตรา	àt-dtraa
Ablesung (f)	คามิเตอร์	khâa mí-dtêr

| Kompressor (m) | เครื่องอัดอากาศ | khrêuang àt aa-gàat |
| Mikroskop (n) | กล้องจุลทัศน์ | glôrng jun-la -thát |

Pumpe (f)	ปั๊ม	bpám
Roboter (m)	หุ่นยนต์	hùn yon
Laser (m)	เลเซอร์	lay-sêr
Schraubenschlüssel (m)	ประแจ	bprà-jae
Klebeband (n)	เทปกาว	thâyp gaao

Klebstoff (m)	กาว	gaao
Sandpapier (n)	กระดาษทราย	grà-dàat saai
Sprungfeder (f)	สปริง	sà-bpring
Magnet (m)	แม่เหล็ก	mâe lèk
Handschuhe (pl)	ถุงมือ	thŭng meu

Leine (f)	เชือก	chêuak
Schnur (f)	สาย	sǎai
Draht (m)	สายไฟ	sǎai fai
Kabel (n)	สายเคเบิล	sǎai khay-bêrn

schwerer Hammer (m)	ค้อนขนาดใหญ่	khón khà-nàat yài
Brecheisen (n)	ชะแลง	chá-laeng
Leiter (f)	บันได	ban-dai
Trittleiter (f)	กระได	grà-dai

zudrehen (vt)	ขันเกลียวเข้า	khǎn glieow khâo
abdrehen (vt)	ขันเกลียวออก	khǎn glieow òk
zusammendrücken (vt)	ขันให้แน่น	khǎn hâi náen
ankleben (vt)	ติดกาว	dtìt gaao
schneiden (vt)	ตัด	dtàt

Störung (f)	ความผิดพลาด	khwaam phìt phlâat
Reparatur (f)	การซ่อมแซม	gaan sôrm saem
reparieren (vt)	ซ่อม	sôrm
einstellen (vt)	ปรับ	bpràp

prüfen (vt)	ตรวจ	dtrùat
Prüfung (f)	การตรวจ	gaan dtrùat
Ablesung (f)	คามิเตอร์	khâa mí-dtêr

| sicher (zuverlässigen) | ไว้วงใจได้ | wái waang jai dâai |
| kompliziert (Adj) | ซับซ้อน | sáp són |

verrosten (vi)	ขึ้นสนิม	khêun sà-nǐm
rostig	เป็นสนิม	bpen sà-nǐm
Rost (m)	สนิม	sà-nǐm

Transport

105. Flugzeug

Flugzeug (n)	เครื่องบิน	khrêuang bin
Flugticket (n)	ตั๋วเครื่องบิน	dtǔa khrêuang bin
Fluggesellschaft (f)	สายการบิน	sǎai gaan bin
Flughafen (m)	สนามบิน	sà-nǎam bin
Überschall-	ความเร็วเหนือเสียง	khwaam reo nĕua-sǐang
Flugkapitän (m)	กัปตัน	gàp dtan
Besatzung (f)	ลูกเรือ	lôok reua
Pilot (m)	นักบิน	nák bin
Flugbegleiterin (f)	พนักงานต้อนรับ บนเครื่องบิน	phá-nák ngaan dtôrn ráp bon khrêuang bin
Steuermann (m)	ต้นหน	dtôn hǒn
Flügel (pl)	ปีก	bpèek
Schwanz (m)	หาง	hǎang
Kabine (f)	ห้องนักบิน	hôrng nák bin
Motor (m)	เครื่องยนต์	khrêuang yon
Fahrgestell (n)	โครงส่วนล่าง ของเครื่องบิน	khrorng sùan lâang khǒrng khrêuang bin
Turbine (f)	กังหัน	gang-hǎn
Propeller (m)	ใบพัด	bai phát
Flugschreiber (m)	กล่องดำ	glòrng dam
Steuerrad (n)	คันบังคับ	khan bang-kháp
Treibstoff (m)	เชื้อเพลิง	chéua phlerng
Sicherheitskarte (f)	คู่มือความปลอดภัย	khôo meu khwaam bplòt phai
Sauerstoffmaske (f)	หน้ากากอ็อกซิเจน	nâa gàak ók sí jayn
Uniform (f)	เครื่องแบบ	khrêuang bàep
Rettungsweste (f)	เสื้อชูชีพ	sêua choo chêep
Fallschirm (m)	รมชูชีพ	rôm choo chêep
Abflug, Start (m)	การบินขึ้น	gaan bin khêun
starten (vi)	บินขึ้น	bin khêun
Startbahn (f)	ทางวิ่งเครื่องบิน	thaang wîng khrêuang bin
Sicht (f)	ทัศนวิสัย	thát sá ná wí-sǎi
Flug (m)	การบิน	gaan bin
Höhe (f)	ความสูง	khwaam sǒong
Luftloch (n)	หลุมอากาศ	lǔm aa-gàat
Platz (m)	ที่นั่ง	thêe nâng
Kopfhörer (m)	หูฟัง	hǒo fang
Klapptisch (m)	ถาดพับเก็บได้	thàat pháp gèp dâai
Bullauge (n)	หน้าต่างเครื่องบิน	nâa dtàang khrêuang bin
Durchgang (m)	ทางเดิน	thaang dern

106. Zug

Zug (m)	รถไฟ	rót fai
elektrischer Zug (m)	รถไฟชานเมือง	rót fai chaan meuang
Schnellzug (m)	รถไฟด่วน	rót fai dùan
Diesellok (f)	รถจักรดีเซล	rót jàk dee-sayn
Dampflok (f)	รถจักรไอน้ำ	rót jàk ai náam
Personenwagen (m)	ตู้โดยสาร	dtôo doi săan
Speisewagen (m)	ตู้เสบียง	dtôo sà-biang
Schienen (pl)	รางรถไฟ	raang rót fai
Eisenbahn (f)	ทางรถไฟ	thaang rót fai
Bahnschwelle (f)	หมอนรองราง	mŏrn rorng raang
Bahnsteig (m)	ชานชลา	chaan-chá-laa
Gleis (n)	ราง	raang
Eisenbahnsignal (n)	ไฟสัญญาณรถไฟ	fai săn-yaan rót fai
Station (f)	สถานี	sà-thăa-nee
Lokomotivführer (m)	คนขับรถไฟ	khon khàp rót fai
Träger (m)	พนักงานยกกระเป๋า	phá-nák ngaan yók grà-bpăo
Schaffner (m)	พนักงานรถไฟ	phá-nák ngaan rót fai
Fahrgast (m)	ผู้โดยสาร	phôo doi săan
Fahrkartenkontrolleur (m)	พนักงานตรวจตั๋ว	phá-nák ngaan dtrùat dtŭa
Flur (m)	ทางเดิน	thaang dern
Notbremse (f)	เบรคฉุกเฉิน	bràyk chùk-chěrn
Abteil (n)	ตู้นอน	dtôo norn
Liegeplatz (m), Schlafkoje (f)	เตียง	dtiang
oberer Liegeplatz (m)	เตียงบน	dtiang bon
unterer Liegeplatz (m)	เตียงล่าง	dtiang lâang
Bettwäsche (f)	ชุดเครื่องนอน	chút khrêuang norn
Fahrkarte (f)	ตั๋ว	dtŭa
Fahrplan (m)	ตารางเวลา	dtaa-raang way-laa
Anzeigetafel (f)	กระดานแสดงข้อมูล	grà daan sà-daeng khôr moon
abfahren (der Zug)	ออกเดินทาง	òrk dern thaang
Abfahrt (f)	การออกเดินทาง	gaan òrk dern thaang
ankommen (der Zug)	มาถึง	maa thěung
Ankunft (f)	การมาถึง	gaan maa thěung
mit dem Zug kommen	มาถึงโดยรถไฟ	maa thěung doi rót fai
in den Zug einsteigen	ขึ้นรถไฟ	khêun rót fai
aus dem Zug aussteigen	ลงจากรถไฟ	long jàak rót fai
Zugunglück (n)	รถไฟตกราง	rót fai dtòk raang
entgleisen (vi)	ตกราง	dtòk raang
Dampflok (f)	หัวรถจักรไอน้ำ	hŭa rót jàk ai náam
Heizer (m)	คนควบคุมเตาไฟ	khon khûap khum dtao fai
Feuerbüchse (f)	เตาไฟ	dtao fai
Kohle (f)	ถ่านหิน	thàan hǐn

101

107. Schiff

Schiff (n)	เรือ	reua
Fahrzeug (n)	เรือ	reua

Dampfer (m)	เรือจักรไอน้ำ	reua jàk ai náam
Motorschiff (n)	เรือลองแมน้ำ	reua lông mâe náam
Kreuzfahrtschiff (n)	เรือเดินสมุทร	reua dern sà-mùt
Kreuzer (m)	เรือลาดตระเวน	reua lâat dtrà-wayn

Jacht (f)	เรือยอชต์	reua yôt
Schlepper (m)	เรือลากจูง	reua lâak joong
Lastkahn (m)	เรือบรรทุก	reua ban-thúk
Fähre (f)	เรือขามฟาก	reua khâam fâak

Segelschiff (n)	เรือใบ	reua bai
Brigantine (f)	เรือใบสองเสากระโดง	reua bai sŏrng săo grà-dohng

Eisbrecher (m)	เรือตัดน้ำแข็ง	reua dtàt náam khăeng
U-Boot (n)	เรือดำน้ำ	reua dam náam

Boot (n)	เรือพาย	reua phaai
Dingi (n), Beiboot (n)	เรือบดเล็ก	reua bòt lék
Rettungsboot (n)	เรือชูชีพ	reua choo chêep
Motorboot (n)	เรือยนต์	reua yon

Kapitän (m)	กัปตัน	gàp dtan
Matrose (m)	นาวิน	naa-win
Seemann (m)	คนเรือ	khon reua
Besatzung (f)	กะลาสี	gà-laa-sěe

Bootsmann (m)	สรั่ง	sà-ràng
Schiffsjunge (m)	ดูนช่วยงานในเรือ	khon chûay ngaan nai reua
Schiffskoch (m)	กุก	gúk
Schiffsarzt (m)	แพทย์เรือ	phâet reua

Deck (n)	ดาดฟ้าเรือ	dàat-fáa reua
Mast (m)	เสากระโดงเรือ	săo grà-dohng reua
Segel (n)	ใบเรือ	bai reua

Schiffsraum (m)	ท้องเรือ	thórng-reua
Bug (m)	หัวเรือ	hŭa-reua
Heck (n)	ทายเรือ	tháai reua
Ruder (n)	ไมพาย	máai phaai
Schraube (f)	ใบจักร	bai jàk

Kajüte (f)	ห้องพัก	hôrng phák
Messe (f)	หองอาหาร	hôrng aa-hăan
Maschinenraum (m)	หองเครื่องยนต์	hôrng khrêuang yon
Kommandobrücke (f)	สะพานเดินเรือ	sà-phaan dern reua
Funkraum (m)	หองวิทยุ	hôrng wít-thá-yú
Radiowelle (f)	คลื่นความถี่	khlêun khwaam thèe
Schiffstagebuch (n)	สมุดบันทึก	sà-mùt ban-théuk
Fernrohr (n)	กลองสองทางไกล	glôrng sòrng thaang glai
Glocke (f)	ระฆัง	rá-khang

Fahne (f)	ธง	thorng
Seil (n)	เชือก	chêuak
Knoten (m)	ปม	bpom
Geländer (n)	ราว	raao
Treppe (f)	ไม่พาดให้ ขึ้นลงเรือ	mái phâat hâi khêun long reua

Anker (m)	สมอ	sà-mǒr
den Anker lichten	ถอนสมอ	thǒrn sà-mǒr
Anker werfen	ทอดสมอ	thôrt sà-mǒr
Ankerkette (f)	โซสมอเรือ	sôh sà-mǒr reua

Hafen (m)	ท่าเรือ	thâa reua
Anlegestelle (f)	ทา	thâa
anlegen (vi)	จอดเทียบท่า	jòt thîap tâa
abstoßen (vt)	ออกจากทา	òrk jàak tâa

Reise (f)	การเดินทาง	gaan dern thaang
Kreuzfahrt (f)	การลองเรือ	gaan lôrng reua
Kurs (m), Richtung (f)	เส้นทาง	sên thaang
Reiseroute (f)	เสนทาง	sên thaang

Fahrwasser (n)	ร่องเรือเดิน	rông reua dern
Untiefe (f)	โขด	khòht
stranden (vi)	เกยตื้น	goie dtêun

Sturm (m)	พายุ	phaa-yú
Signal (n)	สัญญาณ	sǎn-yaan
untergehen (vi)	ลม	lôm
Mann über Bord!	คนตกเรือ!	kon dtòk reua
SOS	SOS	es-o-es
Rettungsring (m)	หวงยาง	hùang yaang

108. Flughafen

Flughafen (m)	สนามบิน	sà-nǎam bin
Flugzeug (n)	เครื่องบิน	khrêuang bin
Fluggesellschaft (f)	สายการบิน	sǎai gaan bin
Fluglotse (m)	เจ้าหน้าที่ควบคุม จราจรทางอากาศ	jâo nâa-thêe khûap khum jà-raa-jon thaang aa-gàat

Abflug (m)	การออกเดินทาง	gaan òrk dern thaang
Ankunft (f)	การมาถึง	gaan maa thěung
anfliegen (vi)	มาถึง	maa thěung

Abflugzeit (f)	เวลาขาไป	way-laa khǎa bpai
Ankunftszeit (f)	เวลามาถึง	way-laa maa thěung

sich verspäten	ถูกเลื่อน	thòok lêuan
Abflugverspätung (f)	เลื่อนเที่ยวบิน	lêuan thieow bin

Anzeigetafel (f)	กระดานแสดง ขอมูล	grà daan sà-daeng khôr moon
Information (f)	ขอมูล	khôr moon

ankündigen (vt)	ประกาศ	bprà-gàat
Flug (m)	เที่ยวบิน	thîeow bin
Zollamt (n)	ศุลกากร	sŭn-lá-gaa-gon
Zollbeamter (m)	เจ้าหน้าที่ศุลกากร	jâo nâa-thêe sŭn-lá-gaa-gon
Zolldeklaration (f)	แบบฟอร์มการเสีย ภาษีศุลกากร	bàep form gaan sĭa phaa-sĕe sŭn-lá-gaa-gon
ausfüllen (vt)	กรอก	gròrk
die Zollerklärung ausfüllen	กรอกแบบฟอร์ม การเสียภาษี	gròrk bàep form gaan sĭa paa-sĕe
Passkontrolle (f)	จุดตรวจหนังสือ เดินทาง	jùt dtrùat năng-sĕu dern-thaang
Gepäck (n)	สัมภาระ	săm-phaa-rá
Handgepäck (n)	กระเป๋าถือ	grà-bpăo thĕu
Kofferkuli (m)	รถขนสัมภาระ	rót khŏn săm-phaa-rá
Landung (f)	การลงจอด	gaan long jòrt
Landebahn (f)	ลานบินลงจอด	laan bin long jòrt
landen (vi)	ลงจอด	long jòrt
Fluggasttreppe (f)	ทางขึ้นลง เครื่องบิน	thaang khêun long khrêuang bin
Check-in (n)	การเช็คอิน	gaan chék in
Check-in-Schalter (m)	เคาน์เตอร์เช็คอิน	khao-dtêr chék in
sich registrieren lassen	เช็คอิน	chék in
Bordkarte (f)	บัตรที่นั่ง	bàt thêe nâng
Abfluggate (n)	ช่องเขา	chôrng khăo
Transit (m)	การต่อเที่ยวบิน	gaan tòr thîeow bin
warten (vi)	รอ	ror
Wartesaal (m)	ห้องผู้โดยสารขาออก	hôrng phôo doi săan khăa òk
begleiten (vt)	ไปส่ง	bpai sòng
sich verabschieden	บอกลา	bòrk laa

Lebensereignisse

109. Feiertage. Ereignis

Fest (n)	วันหยุดเฉลิมฉลอง	wan yùt chà-lĕrm chà-lŏng
Nationalfeiertag (m)	วันชาติ	wan châat
Feiertag (m)	วันหยุดนักขัตฤกษ์	wan yùt nák-kàt-rêrk
feiern (vt)	เฉลิมฉลอง	chà-lĕrm chà-lŏrng
Ereignis (n)	เหตุการณ์	hàyt gaan
Veranstaltung (f)	งานอีเวนต์	ngaan ee wayn
Bankett (n)	งานเลี้ยง	ngaan líang
Empfang (m)	งานเลี้ยง	ngaan líang
Festmahl (n)	งานฉลอง	ngaan chà-lŏrng
Jahrestag (m)	วันครบรอบ	wan khróp rôrp
Jubiläumsfeier (f)	วันครบรอบปี	wan khróp rôrp bpee
begehen (vt)	ฉลอง	chà-lŏrng
Neujahr (n)	ปีใหม่	bpee mài
Frohes Neues Jahr!	สวัสดีปีใหม่!	sà-wàt-dee bpee mài
Weihnachtsmann (m)	ซานตาคลอส	saan-dtaa-khlôrt
Weihnachten (n)	คริสต์มาส	khrít-mâat
Frohe Weihnachten!	สุขสันต์วันคริสต์มาส	sùk-săn wan khrít-mâat
Tannenbaum (m)	ตนคริสต์มาส	dtôn khrít-mâat
Feuerwerk (n)	ดอกไม้ไฟ	dòrk máai fai
Hochzeit (f)	งานแต่งงาน	ngaan dtàeng ngaan
Bräutigam (m)	เจ้าบาว	jâo bàao
Braut (f)	เจ้าสาว	jâo săao
einladen (vt)	เชิญ	chern
Einladung (f)	บัตรเชิญ	bàt chern
Gast (m)	แขก	khàek
besuchen (vt)	ไปเยี่ยม	bpai yîam
Gäste empfangen	ตอนรับแขก	dton ráp khàek
Geschenk (n)	ของขวัญ	khŏrng khwăn
schenken (vt)	ให้	hâi
Geschenke bekommen	รับของขวัญ	ráp khŏrng khwăn
Blumenstrauß (m)	ชอดอกไม้	chôr dòrk máai
Glückwunsch (m)	คำแสดง ความยินดี	kham sà-daeng khwaam yin-dee
gratulieren (vi)	แสดงความยินดี	sà-daeng khwaam yin dee
Glückwunschkarte (f)	บัตรอวยพร	bàt uay phon
eine Karte abschicken	ส่งโปสการ์ด	sòng bpòht-gàat

eine Karte erhalten	รับโปสการ์ด	ráp bpòht-gàat
Trinkspruch (m)	ดื่มอวยพร	dèum uay phon
anbieten (vt)	เลี้ยงเครื่องดื่ม	líang khrêuang dèum
Champagner (m)	แชมเปญ	chaem-bpayn
sich amüsieren	มีความสุข	mee khwaam sùk
Fröhlichkeit (f)	ความรื่นเริง	khwaam rêun-rerng
Freude (f)	ความสุขสันต์	khwaam sùk-săn
Tanz (m)	การเต้น	gaan dtên
tanzen (vi, vt)	เต้น	dtên
Walzer (m)	วอลทซ์	wɔ:lts
Tango (m)	แทงโก	thaeng-gôh

110. Bestattungen. Begräbnis

Friedhof (m)	สุสาน	sù-săan
Grab (n)	หลุมศพ	lǔm sòp
Kreuz (n)	ไม้กางเขน	mái gaang khǎyn
Grabstein (m)	ป้ายหลุมศพ	bpâai lǔm sòp
Zaun (m)	รั้ว	rúa
Kapelle (f)	โรงสวด	rohng sùat
Tod (m)	ความตาย	khwaam dtaai
sterben (vi)	ตาย	dtaai
Verstorbene (m)	ผู้เสียชีวิต	phôo sǐa chee-wít
Trauer (f)	การไว้อาลัย	gaan wái aa-lai
begraben (vt)	ฝังศพ	fǎng sòp
Bestattungsinstitut (n)	บริษัทรับจัดงานศพ	bor-rí-sàt ráp jàt ngaan sòp
Begräbnis (n)	งานศพ	ngaan sòp
Kranz (m)	พวงหรีด	phuang rèet
Sarg (m)	โลงศพ	lohng sòp
Katafalk (m)	รถขุนศพ	rót khǒn sòp
Totenhemd (n)	ผ้าห่อศพ	phâa hòr sòp
Trauerzug (m)	พิธีศพ	phí-tee sòp
Urne (f)	โกศ	gòht
Krematorium (n)	เมรุ	mayn
Nachruf (m)	ข่าวมรณกรรม	khàao mor-rá-ná-gam
weinen (vi)	ร้องไห้	rórng hâi
schluchzen (vi)	สะอื้น	sà-êun

111. Krieg. Soldaten

Zug (m)	หมวด	mùat
Kompanie (f)	กองรอย	gorng rói
Regiment (n)	กรม	grom
Armee (f)	กองทัพ	gorng tháp

Division (f)	กองพล	gorng phon-la
Abteilung (f)	หมู่	mòo
Heer (n)	กองทัพ	gorng tháp

| Soldat (m) | ทหาร | thá-hǎan |
| Offizier (m) | นายทหาร | naai thá-hǎan |

Soldat (m)	พลทหาร	phon-thá-hǎan
Feldwebel (m)	สิบเอก	sìp àyk
Leutnant (m)	ร้อยโท	rói thoh
Hauptmann (m)	ร้อยเอก	rói àyk
Major (m)	พลตรี	phon-dtree

| Oberst (m) | พันเอก | phan àyk |
| General (m) | นายพล | naai phon |

Matrose (m)	กะลาสี	gà-laa-sěe
Kapitän (m)	กัปตัน	gàp dtan
Bootsmann (m)	สังเรือ	sà-ràng reua

Artillerist (m)	ทหารปืนใหญ่	thá-hǎan bpeun yài
Fallschirmjäger (m)	พลรม	phon-rôm
Pilot (m)	นักบิน	nák bin

| Steuermann (m) | ต้นหน | dtôn hǒn |
| Mechaniker (m) | ช่างเครื่อง | châang khrêuang |

| Pionier (m) | ทหารช่าง | thá-hǎan châang |
| Fallschirmspringer (m) | ทหารราบอากาศ | thá-hǎan râap aa-gàat |

| Aufklärer (m) | ทหารพราน | thá-hǎan phraan |
| Scharfschütze (m) | พลซุ่มยิง | phon sûm ying |

Patrouille (f)	หน่วยลาดตระเวน	nùay lâat dtrà-wayn
patrouillieren (vi)	ลาดตระเวน	lâat dtrà-wayn
Wache (f)	ทหารยาม	tá-hǎan yaam

| Krieger (m) | นักรบ | nák róp |
| Patriot (m) | ผู้รักชาติ | phôo rák châat |

| Held (m) | วีรบุรุษ | wee-rá-bù-rùt |
| Heldin (f) | วีรสตรี | wee rá-sot dtree |

| Verräter (m) | ผู้ทรยศ | phôo thor-rá-yót |
| verraten (vt) | ทรยศ | thor-rá-yót |

| Deserteur (m) | ทหารหนีทัพ | thá-hǎan něe tháp |
| desertieren (vi) | หนีทัพ | něe tháp |

Söldner (m)	ทหารรับจ้าง	thá-hǎan ráp jâang
Rekrut (m)	เกณฑ์ทหาร	gayn thá-hǎan
Freiwillige (m)	อาสาสมัคร	aa-sǎa sà-màk

Getoetete (m)	คนถูกฆ่า	khon thòok khâa
Verwundete (m)	ผู้ได้รับบาดเจ็บ	phôo dâai ráp bàat jèp
Kriegsgefangene (m)	เชลยศึก	chá-loie sèuk

112. Krieg. Militärische Aktionen. Teil 1

Krieg (m)	สงคราม	sǒng-khraam
Krieg führen	ทำสงคราม	tham sǒng-khraam
Bürgerkrieg (m)	สงครามกลางเมือง	sǒng-khraam glaang-meuang
heimtückisch (Adv)	ตลบตะแลง	dtà-lòp-dtà-laeng
Kriegserklärung (f)	การประกาศสงคราม	gaan bprà-gàat sǒng-khraam
erklären (den Krieg ~)	ประกาศสงคราม	bprà-gàat sǒng-khraam
Aggression (f)	การรุกราน	gaan rúk-raan
einfallen (Staat usw.)	บุกรุก	bùk rúk
einfallen (in ein Land ~)	บุกรุก	bùk rúk
Invasoren (pl)	ผู้บุกรุก	phôo bùk rúk
Eroberer (m), Sieger (m)	ผู้ยึดครอง	phôo yéut khrorng
Verteidigung (f)	การป้องกัน	gaan bpôrng gan
verteidigen (vt)	ปกป้อง	bpòk bpôrng
sich verteidigen	ป้องกัน	bpôrng gan
Feind (m)	ศัตรู	sàt-dtroo
Gegner (m)	ขาศึก	khâa sèuk
Feind-	ศัตรู	sàt-dtroo
Strategie (f)	ยุทธศาสตร์	yút-thá-sàat
Taktik (f)	ยุทธวิธี	yút-thá-wí-thee
Befehl (m)	คำสั่ง	kham sàng
Anordnung (f)	คำบัญชาการ	kham ban-chaa gaan
befehlen (vt)	สั่ง	sàng
Auftrag (m)	ภารกิจ	phaa-rá-gìt
geheim (Adj)	อยางลับ	yàang láp
Schlacht (f), Kampf (m)	การรบ	gaan róp
Angriff (m)	การจู่โจม	gaan jòo johm
Sturm (m)	การเข้าจู่โจม	gaan khâo jòo johm
stürmen (vt)	บุกจู่โจม	bùk jòo johm
Belagerung (f)	การโอบล้อมโจมตี	gaan òhp lóm johm dtee
Angriff (m)	การโจมตี	gaan johm dtee
angreifen (vt)	โจมตี	johm dtee
Rückzug (m)	การถอย	gaan thǒi
sich zurückziehen	ถอย	thǒi
Einkesselung (f)	การปิดล้อม	gaan bpìt lórm
einkesseln (vt)	ปิดล้อม	bpìt lórm
Bombenangriff (m)	การทิ้งระเบิด	gaan thíng rá-bèrt
eine Bombe abwerfen	ทิ้งระเบิด	thíng rá-bèrt
bombardieren (vt)	ทิ้งระเบิด	thíng rá-bèrt
Explosion (f)	การระเบิด	gaan rá-bèrt
Schuss (m)	การยิง	gaan ying
schießen (vt)	ยิง	ying

Schießerei (f)	การยิง	gaan ying
zielen auf ...	เล็ง	leng
richten (die Waffe)	ชี้	chée
treffen (ins Schwarze ~)	ถูกเป้าหมาย	thòok bpâo măai

versenken (vt)	จม	jom
Loch (im Schiffsrumpf)	รู	roo
versinken (Schiff)	จม	jom

Front (f)	แนวหน้า	naew nâa
Evakuierung (f)	การอพยพ	gaan òp-phá-yóp
evakuieren (vt)	อพยพ	òp-phá-yóp

Schützengraben (m)	สนามเพลาะ	sà-năam phlór
Stacheldraht (m)	ลวดหนาม	lûat năam
Sperre (z.B. Panzersperre)	สิ่งกีดขวาง	sìng gèet-khwăang
Wachtturm (m)	หอสังเกตการณ์	hŏr săng-gàyt gaan

Lazarett (n)	โรงพยาบาล	rohng phá-yaa-baan
	ทหาร	thá-hăan
verwunden (vt)	ทำให้บาดเจ็บ	tham hâi bàat jèp
Wunde (f)	แผล	phlăe
Verwundete (m)	ผู้ได้รับบาดเจ็บ	phôo dâai ráp bàat jèp
verletzt sein	ได้รับบาดเจ็บ	dâai ráp bàat jèp
schwer (-e Verletzung)	รายแรง	ráai raeng

113. Krieg. Militärische Aktionen. Teil 2

Gefangenschaft (f)	การเป็นเชลย	gaan bpen chá-loie
gefangen nehmen (vt)	จับเชลย	jàp chá-loie
in Gefangenschaft sein	เป็นเชลย	bpen chá-loie
in Gefangenschaft geraten	ถูกจับเป็นเชลย	thòok jàp bpen chá-loie

Konzentrationslager (n)	ค่ายกักกัน	khâai gàk gan
Kriegsgefangene (m)	เชลยศึก	chá-loie sèuk
fliehen (vi)	หนี	něe

verraten (vt)	ทุรยศ	thor-rá-yót
Verräter (m)	ผู้ทรยศ	phôo thor-rá-yót
Verrat (m)	การทรยศ	gaan thor-rá-yót

| erschießen (vt) | ประหาร | bprà-hăan |
| Erschießung (f) | การประหาร | gaan bprà-hăan |

Ausrüstung (persönliche ~)	ชุดเสื้อผ้าทหาร	chút sêua phâa thá-hăan
Schulterstück (n)	บั้ง	bâng
Gasmaske (f)	หน้ากากกันแก๊ส	nâa gàak gan gàet

Funkgerät (n)	วิทยุสนาม	wít-thá-yú sà-năam
Chiffre (f)	รหัส	rá-hàt
Geheimhaltung (f)	ความลับ	khwaam láp
Kennwort (n)	รหัสผ่าน	rá-hàt phàan
Mine (f)	กับระเบิด	gàp rá-bèrt
Minen legen	วางกับระเบิด	waang gàp rá-bèrt

Minenfeld (n)	เขตทุ่นระเบิด	khàyt thûn rá-bèrt
Luftalarm (m)	สัญญาณเตือนภัย	săn-yaan dteuan phai
	ทางอากาศ	thaang aa-gàat
Alarm (m)	สัญญาณเตือนภัย	săn-yaan dteuan phai
Signal (n)	สัญญาณ	săn-yaan
Signalrakete (f)	พลุสัญญาณ	phlú săn-yaan
Hauptquartier (n)	กองบัญชาการ	gorng ban-chaa gaan
Aufklärung (f)	การลาดตระเวน	gaan lâat dtrà-wayn
Lage (f)	สถานการณ์	sà-thăan gaan
Bericht (m)	การรายงาน	gaan raai ngaan
Hinterhalt (m)	การซุ่มโจมตี	gaan sûm johm dtee
Verstärkung (f)	กำลังเสริม	gam-lang sěrm
Zielscheibe (f)	เป้าหมาย	bpâo măai
Schießplatz (m)	สถานที่ทดลอง	sà-tăan thêe thót long
Manöver (n)	การซ้อมรบ	gaan sórm róp
Panik (f)	ความตื่นตระหนก	khwaam dtèun dtrà-nòk
Verwüstung (f)	การทำลายล้าง	gaan tham-laai láang
Trümmer (pl)	ซาก	sâak
zerstören (vt)	ทำลาย	tham laai
überleben (vi)	รอดชีวิต	rôt chee-wít
entwaffnen (vt)	ปลดอาวุธ	bplòt aa-wút
handhaben (vt)	ใช้	chái
Stillgestanden!	หยุด	yùt
Rühren!	พัก	phák
Heldentat (f)	การแสดงความ	gaan sà-daeng khwaam
	กล้าหาญ	glâa hăan
Eid (m), Schwur (m)	คำสาบาน	kham săa-baan
schwören (vi, vt)	สาบาน	săa baan
Lohn (Orden, Medaille)	รางวัล	raang-wan
auszeichnen (mit Orden)	มอบรางวัล	môrp raang-wan
Medaille (f)	เหรียญรางวัล	rĭan raang-wan
Orden (m)	เครื่องอิสริยาภรณ์	khrêuang ìt-sà-rí-yaa-phon
Sieg (m)	ชัยชนะ	chai chá-ná
Niederlage (f)	ความพ่ายแพ้	khwaam phâai pháe
Waffenstillstand (m)	การพักรบ	gaan phák róp
Fahne (f)	ธงรบ	thorng róp
Ruhm (m)	ความรุ่งโรจน์	khwaam rûng-rôht
Parade (f)	ขบวนสวนสนาม	khà-buan sŭan sà-năam
marschieren (vi)	เดินสวนสนาม	dern sŭan sà-năam

114. Waffen

Waffe (f)	อาวุธ	aa-wút
Schusswaffe (f)	อาวุธปืน	aa-wút bpeun
blanke Waffe (f)	อาวุธเย็น	aa-wút yen

chemischen Waffen (pl)	อาวุธเคมี	aa-wút khay-mee
Kern-, Atom-	นิวเคลียร์	niw-khlia
Kernwaffe (f)	อาวุธนิวเคลียร์	aa-wút niw-khlia
Bombe (f)	ลูกระเบิด	lôok rá-bèrt
Atombombe (f)	ลูกระเบิดปรมาณู	lôok rá-bèrt bpà-rá-maa-noo
Pistole (f)	ปืนพก	bpeun phók
Gewehr (n)	ปืนไรเฟิล	bpeun rai-fern
Maschinenpistole (f)	ปืนกลมือ	bpeun gon meu
Maschinengewehr (n)	ปืนกล	bpeun gon
Mündung (f)	ปากประบอกปืน	bpàak bprà bòrk bpeun
Lauf (Gewehr-)	ลำกลอง	lam glôrng
Kaliber (n)	ขนาดลำกลอง	khà-nàat lam glôrng
Abzug (m)	ไกปืน	gai bpeun
Visier (n)	ศูนยเล็ง	sŏon leng
Magazin (n)	แม็กกาซีน	máek-gaa-seen
Kolben (m)	พานทายปืน	phaan tháai bpeun
Handgranate (f)	ระเบิดมือ	rá-bèrt meu
Sprengstoff (m)	วัตถุระเบิด	wát-thù rá-bèrt
Kugel (f)	ลูกกระสุน	lôok grà-sŭn
Patrone (f)	ตลับกระสุน	dtà-làp grà-sŭn
Ladung (f)	กระสุน	grà-sŭn
Munition (f)	อาวุธยุทธภัณฑ์	aa-wút yút-thá-phan
Bomber (m)	เครื่องบินทิ้งระเบิด	khrêuang bin thíng rá-bèrt
Kampfflugzeug (n)	เครื่องบินขับไล	khrêuang bin khàp lâi
Hubschrauber (m)	เฮลิคอปเตอร	hay-lí-khôrp-dtêr
Flugabwehrkanone (f)	ปืนตอสู	bpeun dtòr sôo
	อากาศยาน	aa-gàat-sà-yaan
Panzer (m)	รถถัง	rót thăng
Panzerkanone (f)	ปืนรถถัง	bpeun rót thăng
Artillerie (f)	ปืนใหญ	bpeun yài
Kanone (f)	ปืน	bpeun
richten (die Waffe)	เล็งเปาปืน	leng bpâo bpeun
Geschoß (n)	กระสุน	grà-sŭn
Wurfgranate (f)	กระสุนปืนครก	grà-sŭn bpeun khrók
Granatwerfer (m)	ปืนครก	bpeun khrók
Splitter (m)	สะเก็ดระเบิด	sà-gèt rá-bèrt
U-Boot (n)	เรือดำน้ำ	reua dam náam
Torpedo (m)	ตอรปิโด	dtor-bpì-doh
Rakete (f)	ขีปนาวุธ	khĕe-bpà-naa-wút
laden (Gewehr)	ใสกระสุน	sài grà-sŭn
schießen (vi)	ยิง	ying
zielen auf ...	เล็ง	leng
Bajonett (n)	ดาบปลายปืน	dàap bplaai bpeun
Degen (m)	เรเปียร	ray-bpia

Säbel (m)	ดาบโค้ง	dàap khóhng
Speer (m)	หอก	hòrk
Bogen (m) '	ธนู	thá-noo
Pfeil (m)	ลูกธนู	lôok-thá-noo
Muskete (f)	ปืนคาบศิลา	bpeun khâap sì-laa
Armbrust (f)	หน้าไม้	nâa máai

115. Menschen der Antike

vorzeitlich	แบบดั้งเดิม	bàep dâng derm
prähistorisch	ยุคก่อนประวัติศาสตร์	yúk gòn bprà-wàt sàat
alt (antik)	โบราณ	boh-raan

Steinzeit (f)	ยุคหิน	yúk hǐn
Bronzezeit (f)	ยุคสำริด	yúk sǎm-rít
Eiszeit (f)	ยุคน้ำแข็ง	yúk nám khǎeng

Stamm (m)	เผ่า	phào
Kannibale (m)	ผู้ที่กินเนื้อคน	phôo thêe gin néua khon
Jäger (m)	นักล่าสัตว์	nák lâa sàt
jagen (vi)	ล่าสัตว์	lâa sàt
Mammut (n)	ช้างแมมมอธ	cháang-maem-môt

Höhle (f)	ถ้ำ	thâm
Feuer (n)	ไฟ	fai
Lagerfeuer (n)	กองไฟ	gorng fai
Höhlenmalerei (f)	ภาพวาดในถ้ำ	phâap-wâat nai thâm

Werkzeug (n)	เครื่องมือ	khrêuang meu
Speer (m)	หอก	hòrk
Steinbeil (n), Steinaxt (f)	ขวานหิน	khwǎan hǐn
Krieg führen	ทำสงคราม	tham sǒng-khraam
domestizieren (vt)	เชื่อง	chêuang

| Idol (n) | เทวรูป | theu-rôop |
| anbeten (vt) | บูชา | boo-chaa |

| Aberglaube (m) | ความเชื่องมงาย | khwaam chêua ngom-ngaai |
| Brauch (m), Ritus (m) | พิธีกรรม | phí-thee gam |

| Evolution (f) | วิวัฒนาการ | wí-wát-thá-naa-gaan |
| Entwicklung (f) | การพัฒนา | gaan phát-thá-naa |

| Verschwinden (n) | การสูญพันธุ์ | gaan sǒon phan |
| sich anpassen | ปรับตัว | bpràp dtua |

Archäologie (f)	โบราณคดี	boh-raan khá-dee
Archäologe (m)	นักโบราณคดี	nák boh-raan-ná-khá-dee
archäologisch	ทางโบราณคดี	thaang boh-raan khá-dee

Ausgrabungsstätte (f)	แหล่งขุดค้น	làeng khùt khón
Ausgrabungen (pl)	การขุดค้น	gaan khùt khón
Fund (m)	สิ่งที่คนพบ	sìng thêe khón phóp
Fragment (n)	เศษชิ้นส่วน	sàyt chín sùan

116. Mittelalter

Volk (n)	ชาติพันธุ์	châat-dtì-phan
Völker (pl)	ชาติพันธุ์	châat-dtì-phan
Stamm (m)	เผ่า	phào
Stämme (pl)	เผา	phào

Barbaren (pl)	อนารยชน	à-naa-rá-yá-chon
Gallier (pl)	ชาวโกล	chaao gloh
Goten (pl)	ชาวกอธ	chaao gòt
Slawen (pl)	ชาวสลาฟ	chaao sà-làaf
Wikinger (pl)	ชาวไวกิ้ง	chaao wai-gîng

Römer (pl)	ชาวโรมัน	chaao roh-man
römisch	โรมัน	roh-man

Byzantiner (pl)	ชาวไบแซนไทน์	chaao bai-saen-tpai
Byzanz (n)	ไบแซนเทียม	bai-saen-thiam
byzantinisch	ไบแซนไทน์	bai-saen-thai

Kaiser (m)	จักรพรรดิ	jàk-grà-phát
Häuptling (m)	ผู้นำ	phôo nam
mächtig (Kaiser usw.)	ทรงพลัง	song phá-lang
König (m)	มหากษัตริย์	má-hǎa gà-sàt
Herrscher (Monarch)	ผู้ปกครอง	phôo bpòk khrorng

Ritter (m)	อัศวิน	àt-sà-win
Feudalherr (m)	เจ้าครองนคร	jâo khrorng ná-khon
feudal, Feudal-	ระบบศักดินา	rá-bòp sàk-gà-dì naa
Vasall (m)	เจ้าของที่ดิน	jâo khǒrng thêe din

Herzog (m)	ดยุค	dà-yúk
Graf (m)	เอิรล	ern
Baron (m)	บารอน	baa-rorn
Bischof (m)	พระบิชอป	phrá bì-chôp

Rüstung (f)	เกราะ	gròr
Schild (m)	โล่	lôh
Schwert (n)	ดาบ	dàap
Visier (n)	กะบังหน้าของหมวก	gà-bang nâa khǒrng mùak
Panzerhemd (n)	เสื้อเกราะถัก	sêua gròr thàk

Kreuzzug (m)	สงครามครูเสด	sǒng-khraam khroo-sàyt
Kreuzritter (m)	ผู้ทำสงคราม ศาสนา	phôo tham sǒng-kraam sàat-sà-nǎa

Territorium (n)	อาณาเขต	aa-naa khàyt
einfallen (vt)	โจมตี	johm dtee
erobern (vt)	ยึดครอง	yéut khrorng
besetzen (Land usw.)	บุกยึด	bùk yéut

Belagerung (f)	การโอบล้อมโจมตี	gaan òhp lóm johm dtee
belagert	ถูกลอมกรอบ	thòok lóm gròp
belagern (vt)	ลอมโจมตี	lóm johm dtee
Inquisition (f)	การไต่สวน	gaan dtài sǔan

Inquisitor (m)	ผู้ไต่สวน	phôo dtài sŭan
Folter (f)	การทูรมาน	gaan thor-rá-maan
grausam (-e Folter)	โหดร้าย	hòht ráai
Häretiker (m)	ผู้นอกรีต	phôo nôrk rêet
Häresie (f)	ความนอกรีต	khwaam nôrk rêet

Seefahrt (f)	การเดินเรือทะเล	gaan dern reua thá-lay
Seeräuber (m)	โจรสลัด	john sà-làt
Seeräuberei (f)	การปลนสะดม ในนานน้ำทะเล	gaan bplôn-sà-dom nai nâan náam thá-lay
Enterung (f)	การบุกขึ้นเรือ	gaan bùk khêun reua
Beute (f)	ของที่ปลน สะดมมา	khŏrng têe bplôn-sà-dom maa
Schätze (pl)	สมบัติ	sŏm-bàt

Entdeckung (f)	การค้นพบ	gaan khón phóp
entdecken (vt)	คนพบ	khón phóp
Expedition (f)	การสำรวจ	gaan săm-rùat

Musketier (m)	ทหารถือ ปืนคาบศิลา	thá-hăan thĕu bpeun khâap sì-laa
Kardinal (m)	พระคาร์ดินัล	phrá khaa-dì-nan
Heraldik (f)	มุทราศาสตร	mút-raa sàat
heraldisch	ทางมุทราศาสตร	thaang mút-raa sàat

117. Führungspersonen. Chef. Behörden

König (m)	ราชา	raa-chaa
Königin (f)	ราชินี	raa-chí-nee
königlich	เกี่ยวกับราชวงศ์	gleow gàp râat-cha-wong
Königreich (n)	ราชอาณาจักร	râat aa-naa jàk

Prinz (m)	เจ้าชาย	jâo chaai
Prinzessin (f)	เจาหญิง	jâo yĭng

Präsident (m)	ประธานาธิบดี	bprà-thaa-naa-thí-bor-dee
Vizepräsident (m)	รองประธา นาธิบดี	rorng bprà-thaa-naa-thí-bor-dee
Senator (m)	สมาชิกวุฒิสภา	sà-maa-chík wút-thí sà-phaa

Monarch (m)	กษัตริย์	gà-sàt
Herrscher (m)	ผู้ปกครอง	phôo bpòk khrorng
Diktator (m)	เผด็จการ	phà-dèt gaan
Tyrann (m)	ทูรราช	thor-rá-râat
Magnat (m)	ผู้มีอิทธิพลสูง	phôo mee ìt-thí phon sŏong

Direktor (m)	ผู้อำนวยการ	phôo am-nuay gaan
Chef (m)	หัวหน้า	hŭa-nâa
Leiter (einer Abteilung)	ผู้จัดการ	phôo jàt gaan
Boss (m)	หัวหน้า	hŭa-nâa
Eigentümer (m)	เจาของ	jâo khŏrng

Führer (m)	ผู้นำ	phôo nam
Leiter (Delegations-)	หัวหน้า	hŭa-nâa

| Behörden (pl) | เจ้าหน้าที่ | jâo nâa-thêe |
| Vorgesetzten (pl) | ผู้บังคับบัญชา | phôo bang-kháp ban-chaa |

Gouverneur (m)	ผู้ว่าการ	phôo wâa gaan
Konsul (m)	กงสุล	gong-sŭn
Diplomat (m)	นักการทูต	nák gaan thôot
Bürgermeister (m)	นายกเทศมนตรี	naa-yók thâyt-sà-mon-dtree
Sheriff (m)	นายอำเภอ	naai am-pher

Kaiser (m)	จักรพรรดิ	jàk-grà-phát
Zar (m)	ซาร์	saa
Pharao (m)	ฟาโรห์	faa-roh
Khan (m)	ขาน	khàan

118. Gesetzesverstoß Verbrecher. Teil 1

Bandit (m)	โจร	john
Verbrechen (n)	อาชญากรรม	àat-yaa-gam
Verbrecher (m)	อาชญากร	àat-yaa-gon

Dieb (m)	ขโมย	khà-moi
stehlen (vt)	ขโมย	khà-moi
Diebstahl (Aktivität)	การลักขโมย	gaan lák khà-moi
Stehlen (n)	การลักทรัพย์	gaan lák sáp

kidnappen (vt)	ลักพาตัว	lák phaa dtua
Kidnapping (n)	การลักพาตัว	gaan lák phaa dtua
Kidnapper (m)	ผู้ลักพาตัว	phôo lák phaa dtua

| Lösegeld (n) | ค่าไถ่ | khâa thài |
| Lösegeld verlangen | เรียกเงินค่าไถ่ | rîak ngern khâa thài |

rauben (vt)	ปล้น	bplôn
Raub (m)	การปล้น	gaan bplôn
Räuber (m)	ขโมยขโจร	khà-moi khà-john

erpressen (vt)	รีดไถ	rêet thăi
Erpresser (m)	ผู้รีดไถ	phôo rêet thăi
Erpressung (f)	การรีดไถ	gaan rêet thăi

morden (vt)	ฆ่า	khâa
Mord (m)	ฆาตกรรม	khâat-dtà-gaam
Mörder (m)	ฆาตกร	khâat-dtà-gon

Schuss (m)	การยิงปืน	gaan ying bpeun
schießen (vt)	ยิง	ying
erschießen (vt)	ยิงให้ตาย	ying hâi dtaai
feuern (vi)	ยิง	ying
Schießerei (f)	การยิง	gaan ying

Vorfall (m)	เหตุการณ์	hàyt gaan
Schlägerei (f)	การต่อสู้	gaan dtòr sôo
Hilfe!	ขอช่วย	khŏr chûay
Opfer (n)	เหยื่อ	yèua

beschädigen (vt)	ทำความเสียหาย	tham khwaam sĩa hăai
Schaden (m)	ความเสียหาย	khwaam sĩa hăai
Leiche (f)	ศพ	sòp
schwer (-es Verbrechen)	รายแรง	ráai raeng

angreifen (vt)	จู่โจม	jòo johm
schlagen (vt)	ตี	dtee
verprügeln (vt)	ซ้อม	sórm
wegnehmen (vt)	ปลัน	bplôn
erstechen (vt)	แทงให้ตาย	thaeng hâi dtaai
verstümmeln (vt)	ทำให้บาดเจ็บสาหัส	tham hâi bàat jèp săa hàt
verwunden (vt)	บาด	bàat

Erpressung (f)	การกรรโชก	gaan-gan-chôhk
erpressen (vt)	กรรโชก	gan-chôhk
Erpresser (m)	ผู้ขูกรรโชก	phôo khòo gan-chôhk

Schutzgelderpressung (f)	การคุมครอง ผิดกฎหมาย	gaan khum khrorng phìt gòt măai
Erpresser (Racketeer)	ผู้ที่หาเงิน จากกิจกรรมที่ ผิดกฎหมาย	phôo thêe hăa ngern jàak gìt-jà-gam thêe phìt gòt măai
Gangster (m)	เหล่าร้าย	lào ráai
Mafia (f)	มาเฟีย	maa-fia

Taschendieb (m)	ขโมยล้วงกระเป๋า	khà-moi lúang grà-bpăo
Einbrecher (m)	ขโมยยองเบา	khà-moi yông bao
Schmuggel (m)	การลักลอบ	gaan lák-lôrp
Schmuggler (m)	ผู้ลักลอบ	phôo lák lôrp

Fälschung (f)	การปลอมแปลง	gaan bplorm bplaeng
fälschen (vt)	ปลอมแปลง	bplorm bplaeng
gefälscht	ปลอม	bplorm

119. Gesetzesbruch. Verbrecher. Teil 2

Vergewaltigung (f)	การข่มขืน	gaan khòm khĕun
vergewaltigen (vt)	ข่มขืน	khòm khĕun
Gewalttäter (m)	โจรขืมขืน	john khòm khĕun
Besessene (m)	คนบ้า	khon bâa

Prostituierte (f)	โสเภณี	sŏh-phay-nee
Prostitution (f)	การค้าประเวณี	gaan kháa bprà-way-nee
Zuhälter (m)	แมงดา	maeng-daa

Drogenabhängiger (m)	ผู้ติดยาเสพติด	phôo dtìt yaa-sàyp-dtìt
Drogenhändler (m)	พอค้ายาเสพติด	phôr kháa yaa-sàyp-dtìt

sprengen (vt)	ระเบิด	rá-bèrt
Explosion (f)	การระเบิด	gaan rá-bèrt
in Brand stecken	เผา	phăo
Brandstifter (m)	ผู้ลอบวางเพลิง	phôo lôp waang phlerng
Terrorismus (m)	การก่อการร้าย	gaan gòr gaan ráai
Terrorist (m)	ผู้ก่อการร้าย	phôo gòr gaan ráai

Geisel (m, f)	ตัวประกัน	dtua bprà-gan
betrügen (vt)	ลอลวง	lôr luang
Betrug (m)	การลอลวง	gaan lôr luang
Betrüger (m)	นักตมตุน	nák dtôm dtŭn

bestechen (vt)	ติดสินบน	dtìt sĭn-bon
Bestechlichkeit (f)	การติดสินบน	gaan dtìt sĭn-bon
Bestechungsgeld (n)	สินบน	sĭn bon

Gift (n)	ยาพิษ	yaa phít
vergiften (vt)	วางยาพิษ	waang-yaa phít
sich vergiften	กินยาตาย	gin yaa dtaai

| Selbstmord (m) | การฆ่าตัวตาย | gaan khâa dtua dtaai |
| Selbstmörder (m) | ผูฆ่าตัวตาย | phôo khâa dtua dtaai |

drohen (vi)	ขู	khòo
Drohung (f)	คำขู	kham khòo
versuchen (vt)	พยายามฆ่า	phá-yaa-yaam khâa
Attentat (n)	การพยายามฆ่า	gaan phá-yaa-yaam khâa

| stehlen (Auto ~) | จี้ | jêe |
| entführen (Flugzeug ~) | จี | jêe |

| Rache (f) | การแกแคน | gaan gâe kháen |
| sich rächen | แกแคน | gâe kháen |

foltern (vt)	ทรมาณ	thon-maan
Folter (f)	การทรมาน	gaan thor-rá-maan
quälen (vt)	ทำทารุณ	tam taa-run

Seeräuber (m)	โจรสลัด	john sà-làt
Rowdy (m)	นักเลง	nák-layng
bewaffnet	มีอาวุธ	mee aa-wút
Gewalt (f)	ความรุนแรง	khwaam run raeng
ungesetzlich	ผิดกฎหมาย	phìt gòt măai

| Spionage (f) | จารกรรม | jaa-rá-gam |
| spionieren (vi) | ลวงความลับ | lúang khwaam láp |

120. Polizei Recht. Teil 1

| Justiz (f) | ยุติธรรม | yút-dtì-tham |
| Gericht (n) | ศาล | săan |

Richter (m)	ผูพิพากษา	phôo phí-phâak-săa
Geschworenen (pl)	ลูกขุน	lôok khŭn
Geschworenengericht (n)	การไตสวนคดี แบบมีลูกขุน	gaan dtài sŭan khá-dee bàep mee lôok khŭn
richten (vt)	พิพากษา	phí-phâak-săa

Rechtsanwalt (m)	ทนายความ	thá-naai khwaam
Angeklagte (m)	จำเลย	jam loie
Anklagebank (f)	คอกจำเลย	khôrk jam loie

Anklage (f)	ข้อกล่าวหา	khôr glàao hǎa
Beschuldigte (m)	ถูกกล่าวหา	thòok glàao hǎa
Urteil (n)	การลงโทษ	gaan long thôht
verurteilen (vt)	พิพากษา	phí-phâak-sǎa
Schuldige (m)	ผู้กระทำความผิด	phôo grà-tham khwaam phìt
bestrafen (vt)	ลงโทษ	long thôht
Strafe (f)	การลงโทษ	gaan long thôht
Geldstrafe (f)	ปรับ	bpràp
lebenslange Haft (f)	การจำคุก	gaan jam khúk
	ตลอดชีวิต	dtà-lòt chee-wít
Todesstrafe (f)	โทษประหาร	thôht-bprà-hǎan
elektrischer Stuhl (m)	เก้าอี้ไฟฟ้า	gâo-êe fai-fáa
Galgen (m)	ตะแลงแกง	dtà-laeng-gaeng
hinrichten (vt)	ประหาร	bprà-hǎan
Hinrichtung (f)	การประหาร	gaan bprà-hǎan
Gefängnis (n)	คุก	khúk
Zelle (f)	ห้องขัง	hôrng khǎng
Eskorte (f)	ผู้ควบคุมตัว	phôo khûap khum dtua
Gefängniswärter (m)	ผู้คุม	phôo khum
Gefangene (m)	นักโทษ	nák thôht
Handschellen (pl)	กุญแจมือ	gun-jae meu
Handschellen anlegen	ใส่กุญแจมือ	sài gun-jae meu
Ausbruch (Flucht)	การแหกคุก	gaan hàek khúk
ausbrechen (vi)	แหก	hàek
verschwinden (vi)	หายตัวไป	hǎai dtua bpai
aus ... entlassen	ถูกปล่อยตัว	thòok bplòi dtua
Amnestie (f)	การนิรโทษกรรม	gaan ní-rá-thôht gam
Polizei (f)	ตำรวจ	dtam-rùat
Polizist (m)	เจ้าหน้าที่ตำรวจ	jâo nâa-thêe dtam-rùat
Polizeiwache (f)	สถานีตำรวจ	sà-thǎa-nee dtam-rùat
Gummiknüppel (m)	กระบองตำรวจ	grà-bong dtam-rùat
Sprachrohr (n)	โทรโข่ง	toh-ra -khòhng
Streifenwagen (m)	รถลาดตระเวน	rót lâat dtrà-wayn
Sirene (f)	หวอ	wǒr
die Sirene einschalten	เปิดหวอ	bpèrt wǒr
Sirenengeheul (n)	เสียงหวอ	sǐang wǒr
Tatort (m)	ที่เกิดเหตุ	thêe gèrt hàyt
Zeuge (m)	พยาน	phá-yaan
Freiheit (f)	อิสระ	ìt-sà-rà
Komplize (m)	ผู้ร่วมกระทำผิด	phôo rûam grà-tham phìt
verschwinden (vi)	หนี	nǐe
Spur (f)	ร่องรอย	rông roi

121. Polizei. Recht. Teil 2

Fahndung (f)	การสืบสวน	gaan sèup sŭan
suchen (vt)	หาตัว	hăa dtua
Verdacht (m)	ความสงสัย	khwaam sŏng-săi
verdächtig (Adj)	น่าสงสัย	nâa sŏng-săi
anhalten (Polizei)	เรียกให้หยุด	rîak hâi yùt
verhaften (vt)	กักตัว	gàk dtua

Fall (m), Klage (f)	คดี	khá-dee
Untersuchung (f)	การสืบสวน	gaan sèup sŭan
Detektiv (m)	นักสืบ	nák sèup
Ermittlungsrichter (m)	นักสอบสวน	nák sòrp sŭan
Version (f)	สันนิษฐาน	săn-nít-thăan

Motiv (n)	เหตุจูงใจ	hàyt joong jai
Verhör (n)	การสอบปากคำ	gaan sòp bpàak kham
verhören (vt)	สอบสวน	sòrp sŭan
vernehmen (vt)	ไถ่ถาม	thài thăam
Kontrolle (Personen-)	การตรวจสอบ	gaan dtrùat sòp

Razzia (f)	การรวบตัว	gaan rûap dtua
Durchsuchung (f)	การตรวจค้น	gaan dtrùat khón
Verfolgung (f)	การไล่ล่า	gaan lâi lâa
nachjagen (vi)	ไล่ล่า	lâi lâa
verfolgen (vt)	สืบ	sèup

Verhaftung (f)	การจับกุม	gaan jàp gum
verhaften (vt)	จับกุม	jàp gum
fangen (vt)	จับ	jàp
Festnahme (f)	การจับ	gaan jàp

Dokument (n)	เอกสาร	àyk săan
Beweis (m)	หลักฐาน	làk thăan
beweisen (vt)	พิสูจน์	phí-sòot
Fußspur (f)	รอยเท้า	roi tháo
Fingerabdrücke (pl)	รอยนิ้วมือ	roi níw meu
Beweisstück (n)	หลักฐาน	làk thăan

Alibi (n)	ข้อแก้ตัว	khôr gâe dtua
unschuldig	พ้นผิด	phón phìt
Ungerechtigkeit (f)	ความอยุติธรรม	khwaam a-yút-dtì-tam
ungerecht	ไม่เป็นธรรม	mâi bpen-tham

Kriminal-	อาชญากร	àat-yaa-gon
beschlagnahmen (vt)	ยึด	yéut
Droge (f)	ยาเสพติด	yaa sàyp dtìt
Waffe (f)	อาวุธ	aa-wút
entwaffnen (vt)	ปลดอาวุธ	bplòt aa-wút
befehlen (vt)	ออกคำสั่ง	òrk kham sàng
verschwinden (vi)	หายตัวไป	hăai dtua bpai

Gesetz (n)	กฎหมาย	gòt măai
gesetzlich	ตามกฎหมาย	dtaam gòt măai
ungesetzlich	ผิดกฎหมาย	phìt gòt măai

| Verantwortlichkeit (f) | ความรับผิดชอบ | khwaam ráp phìt chôp |
| verantwortlich | รับผิดชอบ | ráp phìt chôp |

NATUR

Die Erde. Teil 1

122. Weltall

Kosmos (m)	อวกาศ	a-wá-gàat
kosmisch, Raum-	ทางอวกาศ	thang a-wá-gàat
Weltraum (m)	อวกาศ	a-wá-gàat
All (n)	โลก	lôhk
Universum (n)	จักรวาล	jàk-grà-waan
Galaxie (f)	ดาราจักร	daa-raa jàk
Stern (m)	ดาว	daao
Gestirn (n)	กลุ่มดาว	glùm daao
Planet (m)	ดาวเคราะห์	daao khrór
Satellit (m)	ดาวเทียม	daao thiam
Meteorit (m)	ดาวตก	daao dtòk
Komet (m)	ดาวหาง	daao hăang
Asteroid (m)	ดาวเคราะห์น้อย	daao khrór nói
Umlaufbahn (f)	วงโคจร	wong khoh-jon
sich drehen	เวียน	wian
Atmosphäre (f)	บรรยากาศ	ban-yaa-gàat
Sonne (f)	ดวงอาทิตย์	duang aa-thít
Sonnensystem (n)	ระบบสุริยะ	rá-bòp sù-rí-yá
Sonnenfinsternis (f)	สุริยุปราคา	sù-rí-yú-bpà-raa-kaa
Erde (f)	โลก	lôhk
Mond (m)	ดวงจันทร์	duang jan
Mars (m)	ดาวอังคาร	daao ang-khaan
Venus (f)	ดาวศุกร์	daao sùk
Jupiter (m)	ดาวพฤหัส	daao phá-réu-hàt
Saturn (m)	ดาวเสาร์	daao săo
Merkur (m)	ดาวพุธ	daao phút
Uran (m)	ดาวยูเรนัส	daao-yoo-ray-nát
Neptun (m)	ดาวเนปจูน	daao-nâyp-joon
Pluto (m)	ดาวพลูโต	daao phloo-dtoh
Milchstraße (f)	ทางช้างเผือก	thaang cháang phèuak
Der Große Bär	กลุ่มดาวหมีใหญ่	glùm daao mĕe yài
Polarstern (m)	ดาวเหนือ	daao nĕua
Marsbewohner (m)	ชาวดาวอังคาร	chaao daao ang-khaan
Außerirdischer (m)	มนุษย์ต่างดาว	má-nút dtàang daao

| außerirdisches Wesen (n) | มนุษย์ต่างดาว | má-nút dtàang daao |
| fliegende Untertasse (f) | จานบิน | jaan bin |

Raumschiff (n)	ยานอวกาศ	yaan a-wá-gàat
Raumstation (f)	สถานีอวกาศ	sà-thǎa-nee a-wá-gàat
Raketenstart (m)	การปลอยจรวด	gaan bplòi jà-rùat

Triebwerk (n)	เครื่องยนต์	khrêuang yon
Düse (f)	ทอไอพน	thôr ai phôn
Treibstoff (m)	เชื้อเพลิง	chéua phlerng

Kabine (f)	ที่นั่งคนขับ	thêe nâng khon khàp
Antenne (f)	เสาอากาศ	sǎo aa-gàat
Bullauge (n)	ชอง	chôrng
Sonnenbatterie (f)	อุปกรณ์พลังงาน แสงอาทิตย	ù-bpà-gon phá-lang ngaan sǎeng aa-thít
Raumanzug (m)	ชุดอวกาศ	chút a-wá-gàat

| Schwerelosigkeit (f) | สภาพไร้น้ำหนัก | sà-phâap rái nám nàk |
| Sauerstoff (m) | อ็อกซิเจน | ók sí jayn |

| Ankopplung (f) | การเทียบท่า | gaan thîap thâa |
| koppeln (vi) | เทียบทา | thîap thâa |

Observatorium (n)	หอดูดาว	hǒr doo daao
Teleskop (n)	กลองโทรทรรศน์	glôrng thoh-rá-thát
beobachten (vt)	เฝ้าสังเกต	fâo sǎng-gàyt
erforschen (vt)	สำรวจ	sǎm-rùat

123. Die Erde

Erde (f)	โลก	lôhk
Erdkugel (f)	ลูกโลก	lôok lôhk
Planet (m)	ดาวเคราะห์	daao khrór

Atmosphäre (f)	บรรยากาศ	ban-yaa-gàat
Geographie (f)	ภูมิศาสตร์	phoo-mí-sàat
Natur (f)	ธรรมชาติ	tham-má-châat

Globus (m)	ลูกโลก	lôok lôhk
Landkarte (f)	แผนที่	phǎen thêe
Atlas (m)	หนังสือแผนที่โลก	nǎng-sěu phǎen thêe lôhk

Europa (n)	ยุโรป	yú-ròhp
Asien (n)	เอเชีย	ay-chia
Afrika (n)	แอฟริกา	àef-rí-gaa
Australien (n)	ออสเตรเลีย	òrt-dtray-lia

Amerika (n)	อเมริกา	a-may-rí-gaa
Nordamerika (n)	อเมริกาเหนือ	a-may-rí-gaa něua
Südamerika (n)	อเมริกาใต้	a-may-rí-gaa dtâi

| Antarktis (f) | แอนตาร์กติกา | aen-dtàak-dtì-gaa |
| Arktis (f) | อารกติค | àak-dtìk |

124. Himmelsrichtungen

Norden (m)	เหนือ	nĕua
nach Norden	ทิศเหนือ	thít nĕua
im Norden	ที่ภาคเหนือ	thêe phâak nĕua
nördlich	ทางเหนือ	thaang nĕua
Süden (m)	ใต้	dtâi
nach Süden	ทิศใต้	thít dtâi
im Süden	ที่ภาคใต้	thêe phâak dtâi
südlich	ทางใต้	thaang dtâi
Westen (m)	ตะวันตก	dtà-wan dtòk
nach Westen	ทิศตะวันตก	thít dtà-wan dtòk
im Westen	ที่ภาคตะวันตก	thêe phâak dtà-wan dtòk
westlich, West-	ทางตะวันตก	thaang dtà-wan dtòk
Osten (m)	ตะวันออก	dtà-wan òrk
nach Osten	ทิศตะวันออก	thít dtà-wan òrk
im Osten	ที่ภาคตะวันออก	thêe phâak dtà-wan òrk
östlich	ทางตะวันออก	thaang dtà-wan òrk

125. Meer. Ozean

Meer (n), See (f)	ทะเล	thá-lay
Ozean (m)	มหาสมุทร	má-hăa sà-mùt
Golf (m)	อ่าว	àao
Meerenge (f)	ช่องแคบ	chôrng khâep
Festland (n)	พื้นดิน	phéun din
Kontinent (m)	ทวีป	thá-wêep
Insel (f)	เกาะ	gòr
Halbinsel (f)	คาบสมุทร	khâap sà-mùt
Archipel (m)	หมู่เกาะ	mòo gòr
Bucht (f)	อ่าว	àao
Hafen (m)	ท่าเรือ	thâa reua
Lagune (f)	ลากูน	laa-goon
Kap (n)	แหลม	lăem
Atoll (n)	อะทอลล์	à-thorn
Riff (n)	แนวปะการัง	naew bpà-gaa-rang
Koralle (f)	ปะการัง	bpà gaa-rang
Korallenriff (n)	แนวปะการัง	naew bpà-gaa-rang
tief (Adj)	ลึก	léuk
Tiefe (f)	ความลึก	khwaam léuk
Abgrund (m)	หุบเหวลึก	hùp wăy léuk
Graben (m)	ร่องลึกกันสมุทร	rông léuk gôn sà-mùt
Strom (m)	กระแสน้ำ	grà-săe náam
umspülen (vt)	ลอมรอบ	lórm rôrp

123

Ufer (n)	ชายฝั่ง	chaai fàng
Küste (f)	ชายฝั่ง	chaai fàng
Flut (f)	น้ำขึ้น	náam khêun
Ebbe (f)	น้ำลง	náam long
Sandbank (f)	หาดตื้น	hàat dtêun
Boden (m)	กนทะเล	gôn thá-lay
Welle (f)	คลื่น	khlêun
Wellenkamm (m)	มวนคลื่น	múan khlêun
Schaum (m)	ฟองคลื่น	forng khlêun
Sturm (m)	พายุ	phaa-yú
Orkan (m)	พายุเฮอร์ริเคน	phaa-yú her-rí-khayn
Tsunami (m)	คลื่นยักษ์	khlêun yák
Windstille (f)	ภาวะไร้ลมพัด	phaa-wá rái lom phát
ruhig	สงบ	sà-ngòp
Pol (m)	ขั้วโลก	khûa lôhk
Polar-	ขั้วโลก	khûa lôhk
Breite (f)	เส้นรุ้ง	sên rúng
Länge (f)	เส้นแวง	sên waeng
Breitenkreis (m)	เส้นขนาน	sên khà-nǎan
Äquator (m)	เส้นศูนย์สูตร	sên sǒon sòot
Himmel (m)	ท้องฟ้า	thórng fáa
Horizont (m)	ขอบฟ้า	khòrp fáa
Luft (f)	อากาศ	aa-gàat
Leuchtturm (m)	ประภาคาร	bprà-phaa-khaan
tauchen (vi)	ดำ	dam
versinken (vi)	จม	jom
Schätze (pl)	สมบัติ	sǒm-bàt

126. Namen der Meere und Ozeane

Atlantischer Ozean (m)	มหาสมุทรแอตแลนติก	má-hǎa sà-mùt àet-laen-dtìk
Indischer Ozean (m)	มหาสมุทรอินเดีย	má-hǎa sà-mùt in-dia
Pazifischer Ozean (m)	มหาสมุทรแปซิฟิก	má-hǎa sà-mùt bpae-sí-fík
Arktischer Ozean (m)	มหาสมุทรอาร์คติก	má-hǎa sà-mùt aa-ká-dtìk
Schwarzes Meer (n)	ทะเลดำ	thá-lay dam
Rotes Meer (n)	ทะเลแดง	thá-lay daeng
Gelbes Meer (n)	ทะเลเหลือง	thá-lay lěuang
Weißes Meer (n)	ทะเลขาว	thá-lay khǎao
Kaspisches Meer (n)	ทะเลแคสเปียน	thá-lay khâet-bpian
Totes Meer (n)	ทะเลเดดซี	thá-lay dàyt-see
Mittelmeer (n)	ทะเลเมดิเตอร์เรเนียน	thá-lay may-dì-dtêr-ray-nian
Ägäisches Meer (n)	ทะเลเอเจี้ยน	thá-lay ay-jîan
Adriatisches Meer (n)	ทะเลเอเดรียติก	thá-lay ay-day-ree-yá-dtìk
Arabisches Meer (n)	ทะเลอาหรับ	thá-lay aa-ràp

Japanisches Meer (n)	ทะเลญี่ปุ่น	thá-lay yêe-bpùn
Beringmeer (n)	ทะเลเบริง	thá-lay bae-rîng
Südchinesisches Meer (n)	ทะเลจีนใต้	thá-lay jeen-dtâi

Korallenmeer (n)	ทะเลคอรัล	thá-lay khor-ran
Tasmansee (f)	ทะเลแทสมัน	thá-lay thâet man
Karibisches Meer (n)	ทะเลแคริบเบียน	thá-lay khae-ríp-bian

| Barentssee (f) | ทะเลบาเรนท์ | thá-lay baa-rayn |
| Karasee (f) | ทะเลคารา | thá-lay khaa-raa |

Nordsee (f)	ทะเลเหนือ	thá-lay něua
Ostsee (f)	ทะเลบอลติก	thá-lay bon-dtìk
Nordmeer (n)	ทะเลนอรเวย์	thá-lay nor-rá-way

127. Berge

Berg (m)	ภูเขา	phoo khǎo
Gebirgskette (f)	ทิวเขา	thiw khǎo
Bergrücken (m)	สันเขา	sǎn khǎo

Gipfel (m)	ยอดเขา	yôrt khǎo
Spitze (f)	ยอด	yôrt
Bergfuß (m)	ตีนเขา	dteun khǎo
Abhang (m)	ไหลเขา	lài khǎo

Vulkan (m)	ภูเขาไฟ	phoo khǎo fai
tätiger Vulkan (m)	ภูเขาไฟมีพลัง	phoo khǎo fai mee phá-lang
schlafender Vulkan (m)	ภูเขาไฟที่ดับแล้ว	phoo khǎo fai thêe dàp láew

Ausbruch (m)	ภูเขาไฟระเบิด	phoo khǎo fai rá-bèrt
Krater (m)	ปล่องภูเขาไฟ	bplòng phoo khǎo fai
Magma (n)	หินหนืด	hǐn nèut
Lava (f)	ลาวา	laa-waa
glühend heiß (-e Lava)	หลอมเหลว	lǒrm lěo

Cañon (m)	หุบเขาลึก	hùp khǎo léuk
Schlucht (f)	ช่องเขา	chôrng khǎo
Spalte (f)	รอยแตกภูเขา	roi dtàek phoo khǎo
Abgrund (m) (steiler ~)	หุบเหวลึก	hùp wǎy léuk

Gebirgspass (m)	ทางผ่าน	thaang phàan
Plateau (n)	ที่ราบสูง	thêe râap sǒong
Fels (m)	หน้าผา	nâa phǎa
Hügel (m)	เนินเขา	nern khǎo

Gletscher (m)	ธารน้ำแข็ง	thaan náam khǎeng
Wasserfall (m)	น้ำตก	nám dtòk
Geiser (m)	น้ำพุร้อน	nám phú rórn
See (m)	ทะเลสาบ	thá-lay sàap

Ebene (f)	ที่ราบ	thêe râap
Landschaft (f)	ภูมิทัศน์	phoom thát
Echo (n)	เสียงสะท้อน	sǐang sà-thón

Bergsteiger (m)	นักปีนเขา	nák bpeen khǎo
Kletterer (m)	นักไต่เขา	nák dtài khǎo
bezwingen (vt)	ไต่เขาถึงยอด	dtài khǎo thěung yôt
Aufstieg (m)	การปีนเขา	gaan bpeen khǎo

128. Namen der Berge

Alpen (pl)	เทือกเขาแอลป์	thêuak-khǎo-aen
Montblanc (m)	ยอดเขามงบล็อง	yôt khǎo mong-bà-lǒng
Pyrenäen (pl)	เทือกเขาไพรีนีส	thêuak khǎo pai-ree-nêet

Karpaten (pl)	เทือกเขาคาร์เพเทียน	thêuak khǎo khaa-phay-thian
Uralgebirge (n)	เทือกเขายูรัล	thêuak khǎo yoo-ran
Kaukasus (m)	เทือกเขาคอเคซัส	thêuak khǎo khor-khay-sát
Elbrus (m)	ยอดเขาเอลบรุส	yôt khǎo ayn-brùt

Altai (m)	เทือกเขาอัลไต	thêuak khǎo an-dtai
Tian Shan (m)	เทือกเขาเทียนชวน	thêuak khǎo thian-chaan
Pamir (m)	เทือกเขาพาเมียร์	thêuak khǎo paa-mia
Himalaja (m)	เทือกเขาหิมาลัย	thêuak khǎo hì-maa-lai
Everest (m)	ยอดเขาเอเวอเรสต์	yôt khǎo ay-wer-râyt

| Anden (pl) | เทือกเขาแอนดีส | thêuak-khǎo-aen-dèet |
| Kilimandscharo (m) | ยอดเขาคิลิมันจาโร | yôt khǎo khí-lí-man-jaa-roh |

129. Flüsse

Fluss (m)	แม่น้ำ	mâe náam
Quelle (f)	แหล่งน้ำแร่	làeng náam râe
Flussbett (n)	เส้นทางแม่น้ำ	sên thaang mâe náam
Stromgebiet (n)	ลุ่มน้ำ	lûm náam
einmünden in …	ไหลไปสู่…	lǎi bpai sòo…

| Nebenfluss (m) | สาขา | sǎa-khǎa |
| Ufer (n) | ฝั่งแม่น้ำ | fàng mâe náam |

Strom (m)	กระแสน้ำ	grà-sǎe náam
stromabwärts	ตามกระแสน้ำ	dtaam grà-sǎe náam
stromaufwärts	ทวนน้ำ	thuan náam

Überschwemmung (f)	น้ำท่วม	nám thûam
Hochwasser (n)	น้ำท่วม	nám thûam
aus den Ufern treten	เอ่อล้น	èr lón
überfluten (vt)	ท่วม	thûam

| Sandbank (f) | บริเวณน้ำตื้น | bor-rí-wayn nám dtêun |
| Stromschnelle (f) | กระแสน้ำเชี่ยว | grà-sǎe nám-chîeow |

Damm (m)	เขื่อน	khèuan
Kanal (m)	คลอง	khlorng
Stausee (m)	ที่เก็บกักน้ำ	thêe gèp gàk náam
Schleuse (f)	ประตูระบายน้ำ	bprà-dtoo rá-baai náam

Gewässer (n)	พื้นน้ำ	phéun náam
Sumpf (m), Moor (n)	บึง	beung
Marsch (f)	หวย	hûay
Strudel (m)	น้ำวน	nám won
Bach (m)	ลำธาร	lam thaan
Trink- (z.B. Trinkwasser)	น้ำดื่มได้	nám dèum dâai
Süß- (Wasser)	น้ำจืด	nám jèut
Eis (n)	น้ำแข็ง	nám khǎeng
zufrieren (vi)	แช่แข็ง	châe khǎeng

130. Namen der Flüsse

Seine (f)	แม่น้ำเซน	mâe náam sayn
Loire (f)	แมน้ำลัวร์	mâe-náam lua
Themse (f)	แม่น้ำเทมส์	mâe-náam them
Rhein (m)	แม่น้ำไรน์	mâe-náam rai
Donau (f)	แมน้ำดานูบ	mâe-náam daa-nôop
Wolga (f)	แม่น้ำวอลกา	mâe-náam won-gaa
Don (m)	แม่น้ำดอน	mâe-náam don
Lena (f)	แมน้ำลีนา	mâe-náam lee-naa
Gelber Fluss (m)	แม่น้ำหวง	mâe-náam hǔang
Jangtse (m)	แม่น้ำแยงซี	mâe-náam yaeng-see
Mekong (m)	แม่น้ำโขง	mâe-náam khǒhng
Ganges (m)	แมน้ำคงคา	mâe-náam khong-khaa
Nil (m)	แม่น้ำไนล์	mâe-náam nai
Kongo (m)	แม่น้ำคองโก	mâe-náam khong-goh
Okavango (m)	แมน้ำ โอคาวังโก	mâe-náam oh-khaa wang goh
Sambesi (m)	แม่น้ำแซมบีซี	mâe-náam saem bee see
Limpopo (m)	แม่น้ำลิมโปโป	mâe-náam lim-bpoh-bpoh
Mississippi (m)	แมน้ำมิสซิสซิปปี	mâe-náam mít-sít-síp-bpee

131. Wald

Wald (m)	ป่าไม้	bpàa máai
Wald-	ป่า	bpàa
Dickicht (n)	ป่าทึบ	bpàa théup
Gehölz (n)	ป่าละเมาะ	bpàa lá-mór
Lichtung (f)	ทุงโลง	thûng lôhng
Dickicht (n)	ป่าละเมาะ	bpàa lá-mór
Gebüsch (n)	ป่าละเมาะ	bpàa lá-mór
Fußweg (m)	ทางเดิน	thaang dern
Erosionsrinne (f)	รองธาร	rông thaan

Baum (m)	ต้นไม้	dtôn máai
Blatt (n)	ใบไม้	bai máai
Laub (n)	ใบไม้	bai máai

Laubfall (m)	ใบไม้ร่วง	bai máai rûang
fallen (Blätter)	ร่วง	rûang
Wipfel (m)	ยอด	yôrt

Zweig (m)	กิ่ง	gìng
Ast (m)	กานไม้	gâan mái
Knospe (f)	ยอดออน	yôrt òrn
Nadel (f)	เข็ม	khĕm
Zapfen (m)	ลูกสน	lôok sŏn

Höhlung (f)	โพรงไม้	phrohng máai
Nest (n)	รัง	rang
Höhle (f)	โพรง	phrohng

Stamm (m)	ลำต้น	lam dtôn
Wurzel (f)	ราก	râak
Rinde (f)	เปลือกไม้	bplèuak máai
Moos (n)	มอส	môt

entwurzeln (vt)	ถอนราก	thŏrn râak
fällen (vt)	โค่น	khôhn
abholzen (vt)	ตัดไม้ทำลายป่า	dtàt mái tham laai bpàa
Baumstumpf (m)	ตอไม้	dtor máai

Lagerfeuer (n)	กองไฟ	gorng fai
Waldbrand (m)	ไฟป่า	fai bpàa
löschen (vt)	ดับไฟ	dàp fai

Förster (m)	เจ้าหน้าที่ดูแลป่า	jâo nâa-thêe doo lae bpàa
Schutz (m)	การปกป้อง	gaan bpòk bpôrng
beschützen (vt)	ปกป้อง	bpòk bpôrng
Wilddieb (m)	นักลอบล่าสัตว์	nák lôrp lâa sàt
Falle (f)	กับดักเหล็ก	gàp dàk lèk

sammeln, pflücken (vt)	เก็บ	gèp
sich verirren	หลงทาง	lŏng thaang

132. natürliche Lebensgrundlagen

Naturressourcen (pl)	ทรัพยากร ธรรมชาติ	sáp-pá-yaa-gon tham-má-châat
Bodenschätze (pl)	แร่	râe
Vorkommen (n)	ตะกอน	dtà-gorn
Feld (Ölfeld usw.)	บอ	bòr

gewinnen (vt)	ขุดแร่	khùt râe
Gewinnung (f)	การขุดแร่	gaan khùt râe
Erz (n)	แร่	râe
Bergwerk (n)	เหมืองแร่	mĕuang râe
Schacht (m)	ช่องเหมือง	chôrng mĕuang

Bergarbeiter (m)	คนงานเหมือง	khon ngaan mĕuang
Erdgas (n)	แก๊ส	gáet
Gasleitung (f)	ท่อแก๊ส	thôr gáet

Erdöl (n)	น้ำมัน	nám man
Erdölleitung (f)	ท่อน้ำมัน	thôr náam man
Ölquelle (f)	บ่อน้ำมัน	bòr náam man
Bohrturm (m)	ปั้นจั่นขนาดใหญ่	bpân jàn khà-nàat yài
Tanker (m)	เรือบรรทุกน้ำมัน	reua ban-thúk nám man

Sand (m)	ทราย	saai
Kalkstein (m)	หินปูน	hĭn bpoon
Kies (m)	กรวด	grùat
Torf (m)	พีต	phêet
Ton (m)	ดินเหนียว	din nĭeow
Kohle (f)	ถ่านหิน	thàan hĭn

Eisen (n)	เหล็ก	lèk
Gold (n)	ทอง	thorng
Silber (n)	เงิน	ngern
Nickel (n)	นิเกิล	ní-gêrn
Kupfer (n)	ทองแดง	thorng daeng

Zink (n)	สังกะสี	săng-gà-sĕe
Mangan (n)	แมงกานีส	maeng-gaa-nêet
Quecksilber (n)	ปรอท	bpa -ròrt
Blei (n)	ตะกั่ว	dtà-gùa

Mineral (n)	แร่	râe
Kristall (m)	ผลึก	phà-lèuk
Marmor (m)	หินอ่อน	hĭn òrn
Uran (n)	ยูเรเนียม	yoo-ray-niam

Die Erde. Teil 2

133. Wetter

Wetter (n)	สภาพอากาศ	sà-phâap aa-gàat
Wetterbericht (m)	พยากรณ์ สภาพอากาศ	phá-yaa-gon sà-phâap aa-gàat
Temperatur (f)	อุณหภูมิ	un-hà-phoom
Thermometer (n)	ปรอทวัดอุณหภูมิ	bpà-ròrt wát un-hà-phoom
Barometer (n)	เครื่องวัดความดัน บรรยากาศ	khrêuang wát khwaam dan ban-yaa-gàat
feucht	ชื้น	chéun
Feuchtigkeit (f)	ความชื้น	khwaam chéun
Hitze (f)	ความร้อน	khwaam rórn
glutheiß	ร้อน	rórn
ist heiß	มันร้อน	man rórn
ist warm	มันอุ่น	man ùn
warm (Adj)	อุ่น	ùn
ist kalt	อากาศเย็น	aa-gàat yen
kalt (Adj)	เย็น	yen
Sonne (f)	ดวงอาทิตย์	duang aa-thít
scheinen (vi)	ส่องแสง	sòrng sǎeng
sonnig (Adj)	มีแสงแดด	mee sǎeng dàet
aufgehen (vi)	ขึ้น	khêun
untergehen (vi)	ตก	dtòk
Wolke (f)	เมฆ	mâyk
bewölkt, wolkig	มีเมฆมาก	mee mâyk mâak
Regenwolke (f)	เมฆฝน	mâyk fǒn
trüb (-er Tag)	มืดครึ้ม	mêut khréum
Regen (m)	ฝน	fǒn
Es regnet	ฝนตก	fǒn dtòk
regnerisch (-er Tag)	ฝนตก	fǒn dtòk
nieseln (vi)	ฝนปรอย	fòn bproi
strömender Regen (m)	ฝนตกหนัก	fǒn dtòk nàk
Regenschauer (m)	ฝนห่าใหญ่	fǒn hàa yài
stark (-er Regen)	หนัก	nàk
Pfütze (f)	หลุมน้ำ	lòm nám
nass werden (vi)	เปียก	bpìak
Nebel (m)	หมอก	mòrk
neblig (-er Tag)	หมอกจัด	mòrk jàt
Schnee (m)	หิมะ	hì-má
Es schneit	หิมะตก	hì-má dtòk

134. Unwetter Naturkatastrophen

Gewitter (n)	พายุฟ้าคะนอง	phaa-yú fáa khá-nong
Blitz (m)	ฟ้าผา	fáa phàa
blitzen (vi)	แลบ	lâep
Donner (m)	ฟ้าคะนอง	fáa khá-norng
donnern (vi)	มีฟ้าคะนอง	mee fáa khá-norng
Es donnert	มีฟ้ารอง	mee fáa rórng
Hagel (m)	ลูกเห็บ	lôok hèp
Es hagelt	มีลูกเห็บตก	mee lôok hèp dtòk
überfluten (vt)	ท่วม	thûam
Überschwemmung (f)	น้ำท่วม	nám thûam
Erdbeben (n)	แผ่นดินไหว	phàen din wǎi
Erschütterung (f)	ไหว	wǎi
Epizentrum (n)	จุดเหนือศูนย์แผ่นดินไหว	jùt nĕua sŏon phàen din wǎi
Ausbruch (m)	ภูเขาไฟระเบิด	phoo khǎo fai rá-bèrt
Lava (f)	ลาวา	laa-waa
Wirbelsturm (m)	พายุหมุน	phaa-yú mǔn
Tornado (m)	พายุทอร์เนโด	phaa-yú thor-nay-doh
Taifun (m)	พายุไต้ฝุ่น	phaa-yú dtâi fùn
Orkan (m)	พายุเฮอร์ริเคน	phaa-yú her-rí-khayn
Sturm (m)	พายุ	phaa-yú
Tsunami (m)	คลื่นสึนามิ	khlêun sèu-naa-mí
Zyklon (m)	พายุไซโคลน	phaa-yú sai-khlohn
Unwetter (n)	อากาศไม่ดี	aa-gàat mâi dee
Brand (m)	ไฟไหม้	fai mâi
Katastrophe (f)	ความหายนะ	khwaam hǎa-yá-ná
Meteorit (m)	อุกกาบาต	ùk-gaa-bàat
Lawine (f)	หิมะถล่ม	hì-má thà-lòm
Schneelawine (f)	หิมะถล่ม	hì-má thà-lòm
Schneegestöber (n)	พายุหิมะ	phaa-yú hì-má
Schneesturm (m)	พายุหิมะ	phaa-yú hì-má

Fauna

135. Säugetiere. Raubtiere

Raubtier (n)	สัตว์กินเนื้อ	sàt gin néua
Tiger (m)	เสือ	sĕua
Löwe (m)	สิงโต	sĭng dtoh
Wolf (m)	หมาป่า	mǎa bpàa
Fuchs (m)	หมาจิ้งจอก	mǎa jîng-jòk
Jaguar (m)	เสือจากัวร์	sĕua jaa-gua
Leopard (m)	เสือดาว	sĕua daao
Gepard (m)	เสือชีตาห์	sĕua chee-dtaa
Panther (m)	เสือดำ	sĕua dam
Puma (m)	สิงโตภูเขา	sĭng-dtoh phoo khǎo
Schneeleopard (m)	เสือดาวหิมะ	sĕua daao hì-má
Luchs (m)	แมวป่า	maew bpàa
Kojote (m)	โคโยตี้	khoh-yoh-dtêe
Schakal (m)	หมาจิ้งจอกทอง	mǎa jîng-jòk thorng
Hyäne (f)	ไฮยีนา	hai-yee-naa

136. Tiere in freier Wildbahn

Tier (n)	สัตว์	sàt
Bestie (f)	สัตว์	sàt
Eichhörnchen (n)	กระรอก	grà rôk
Igel (m)	เม่น	mâyn
Hase (m)	กระต่ายป่า	grà-dtàai bpàa
Kaninchen (n)	กระต่าย	grà-dtàai
Dachs (m)	แบดเจอร์	baet-jer
Waschbär (m)	แร็คคูน	ráek khoon
Hamster (m)	หนูแฮมสเตอร์	nŏo haem-sà-dtêr
Murmeltier (n)	มารมอต	maa-môt
Maulwurf (m)	ตุ่น	dtùn
Maus (f)	หนู	nŏo
Ratte (f)	หนู	nŏo
Fledermaus (f)	ค้างคาว	kháang khaao
Hermelin (n)	เออร์มิน	er-min
Zobel (m)	เซเบิล	say bern
Marder (m)	มารเทิน	maa thern
Wiesel (n)	เพียงพอนสีน้ำตาล	phiang phon sĕe nám dtaan
Nerz (m)	เพียงพอน	phiang phorn

| Biber (m) | บีเวอร์ | bee-wer |
| Fischotter (m) | นาก | nâak |

Pferd (n)	ม้า	máa
Elch (m)	กวางมูส	gwaang môot
Hirsch (m)	กวาง	gwaang
Kamel (n)	อูฐ	òot

Bison (m)	วัวป่า	wua bpàa
Wisent (m)	วัวป่าออรอช	wua bpàa or rôt
Büffel (m)	ควาย	khwaai

Zebra (n)	ม้าลาย	máa laai
Antilope (f)	แอนทีโลป	aen-thi-lòp
Reh (n)	กวางโรเดียร์	gwaang roh-dia
Damhirsch (m)	กวางแฟลโลว์	gwaang flae-loh
Gämse (f)	เลียงผา	liang-phǎa
Wildschwein (n)	หมูป่า	mǒo bpàa

Wal (m)	วาฬ	waan
Seehund (m)	แมวน้ำ	maew náam
Walroß (n)	ช้างน้ำ	cháang náam
Seebär (m)	แมวน้ำมีขน	maew náam mee khǒn
Delfin (m)	โลมา	loh-maa

Bär (m)	หมี	měe
Eisbär (m)	หมีขั้วโลก	měe khûa lôhk
Panda (m)	หมีแพนดา	měe phaen-dâa

Affe (m)	ลิง	ling
Schimpanse (m)	ลิงชิมแปนซี	ling chim-bpaen-see
Orang-Utan (m)	ลิงอุรังอุตัง	ling u-rang-u-dtang
Gorilla (m)	ลิงกอริลลา	ling gor-rin-lâa
Makak (m)	ลิงแม็กแคก	ling mâk-khâk
Gibbon (m)	ชะนี	chá-nee

Elefant (m)	ช้าง	cháang
Nashorn (n)	แรด	râet
Giraffe (f)	ยีราฟ	yee-râaf
Flusspferd (n)	ฮิปโปโปเตมัส	híp-bpoh-bpoh-dtay-mát

| Känguru (n) | จิงโจ้ | jing-jôh |
| Koala (m) | หมีโคอาล่า | měe khoh aa lâa |

Manguste (f)	พังพอน	phang phon
Chinchilla (n)	คินคิลลา	khin-khin laa
Stinktier (n)	สกั๊งก์	sà-gang
Stachelschwein (n)	เมน	mâyn

137. Haustiere

Katze (f)	แมวตัวเมีย	maew dtua mia
Kater (m)	แมวตัวผู้	maew dtua phôo
Hund (m)	สุนัข	sù-nák

Pferd (n)	ม้า	máa
Hengst (m)	ม้าตัวผู้	máa dtua phôo
Stute (f)	มาตัวเมีย	máa dtua mia

Kuh (f)	วัว	wua
Stier (m)	กระทิง	grà-thing
Ochse (m)	วัว	wua

Schaf (n)	แกะตัวเมีย	gàe dtua mia
Widder (m)	แกะตัวผู้	gàe dtua phôo
Ziege (f)	แพะตัวเมีย	pháe dtua mia
Ziegenbock (m)	แพะตัวผู้	pháe dtua phôo

| Esel (m) | ลา | laa |
| Maultier (n) | ลอ | lôr |

Schwein (n)	หมู	mŏo
Ferkel (n)	ลูกหมู	lôok mŏo
Kaninchen (n)	กระต่าย	grà-dtàai

| Huhn (n) | ไก่ตัวเมีย | gài dtua mia |
| Hahn (m) | ไกตัวผู้ | gài dtua phôo |

Ente (f)	เป็ดตัวเมีย	bpèt dtua mia
Enterich (m)	เป็ดตัวผู้	bpèt dtua phôo
Gans (f)	หาน	hàan

| Puter (m) | ไก่งวงตัวผู้ | gài nguang dtua phôo |
| Pute (f) | ไกงวงตัวเมีย | gài nguang dtua mia |

Haustiere (pl)	สัตว์เลี้ยง	sàt líang
zahm	เลี้ยง	líang
zähmen (vt)	เชื่อง	chêuang
züchten (vt)	ขยายพันธุ์	khà-yăai phan

Farm (f)	ฟาร์ม	faam
Geflügel (n)	สัตว์ปีก	sàt bpèek
Vieh (n)	วัวควาย	wua khwaai
Herde (f)	ฝูง	fŏong

Pferdestall (m)	คอกม้า	khôrk máa
Schweinestall (m)	คอกหมู	khôrk mŏo
Kuhstall (m)	คอกวัว	khôrk wua
Kaninchenstall (m)	คอกกระต่าย	khôrk grà-dtàai
Hühnerstall (m)	เล้าไก	láo gài

138. Vögel

Vogel (m)	นก	nók
Taube (f)	นกพิราบ	nók phí-râap
Spatz (m)	นกกระจิบ	nók grà-jìp
Meise (f)	นกติด	nók dtít
Elster (f)	นกสาลิกา	nók sǎa-lí gaa
Rabe (m)	นกอีกา	nók ee-gaa

Krähe (f)	นกกา	nók gaa
Dohle (f)	นกจำพวกกา	nók jam phûak gaa
Saatkrähe (f)	นกการูด	nók gaa róok
Ente (f)	เป็ด	bpèt
Gans (f)	ห่าน	hàan
Fasan (m)	ไก่ฟ้า	gài fáa
Adler (m)	นกอินทรี	nók in-see
Habicht (m)	นกเหยี่ยว	nók yìeow
Falke (m)	นกเหยี่ยว	nók yìeow
Greif (m)	นกแร้ง	nók ráeng
Kondor (m)	นกแร้งขนาดใหญ่	nók ráeng kà-nàat yài
Schwan (m)	นกหงส์	nók hǒng
Kranich (m)	นกกระเรียน	nók grà rian
Storch (m)	นกกระสา	nók grà-sǎa
Papagei (m)	นกแก้ว	nók gâew
Kolibri (m)	นกฮัมมิ่งเบิร์ด	nók ham-mîng-bèrt
Pfau (m)	นกยูง	nók yoong
Strauß (m)	นกกระจอกเทศ	nók grà-jòrk-thâyt
Reiher (m)	นกยาง	nók yaang
Flamingo (m)	นกฟลามิงโก	nók flaa-ming-goh
Pelikan (m)	นกกระทุง	nók-grà-thung
Nachtigall (f)	นกไนติงเกล	nók-nai-dting-gayn
Schwalbe (f)	นกนางแอ่น	nók naang-àen
Drossel (f)	นกเดินดง	nók dern dong
Singdrossel (f)	นกเดินดงร้องเพลง	nók dern dong rórng phlayng
Amsel (f)	นกเดินดงสีดำ	nók-dern-dong sěe dam
Segler (m)	นกแอ่น	nók àen
Lerche (f)	นกลารค	nók lâak
Wachtel (f)	นกคุ่ม	nok khûm
Specht (m)	นกหัวขวาน	nók hǔa khwǎn
Kuckuck (m)	นกดุเหว่า	nók dù hǎy wâa
Eule (f)	นกฮูก	nók hôok
Uhu (m)	นกเค้าใหญ่	nók kháo yài
Auerhahn (m)	ไก่ป่า	gài bpàa
Birkhahn (m)	ไก่ดำ	gài dam
Rebhuhn (n)	นกกระทา	nók-grà-thaa
Star (m)	นกกิ้งโครง	nók-gîng-khrohng
Kanarienvogel (m)	นกขุนมิน	nók khà-mîn
Haselhuhn (n)	ไก่น้ำตาล	gài nám dtaan
Buchfink (m)	นกจาบ	nók-jàap
Gimpel (m)	นกบูลฟินช์	nók boon-fin
Möwe (f)	นกนางนวล	nók naang-nuan
Albatros (m)	นกอัลบาทรอส	nók an-baa-thrôt
Pinguin (m)	นกเพนกวิน	nók phayn-gwin

139. Fische. Meerestiere

Brachse (f)	ปลาบรีม	bplaa bpreem
Karpfen (m)	ปลาคาร์ป	bplaa khâap
Barsch (m)	ปลาเพิร์ช	bplaa phêrt
Wels (m)	ปลาดุก	bplaa-dùk
Hecht (m)	ปลาไพค์	bplaa phai

Lachs (m)	ปลาแซลมอน	bplaa saen-morn
Stör (m)	ปลาสเตอร์เจียน	bpláa sà-dtêr jian

Hering (m)	ปลาเฮอร์ริง	bplaa her-ring
atlantische Lachs (m)	ปลาแซลมอนแอตแลนติก	bplaa saen-mon àet-laen-dtìk
Makrele (f)	ปลาซาบะ	bplaa saa-bà
Scholle (f)	ปลาลิ้นหมา	bplaa lín-măa

Zander (m)	ปลาไพค์เพิร์ช	bplaa phái phert
Dorsch (m)	ปลาค็อด	bplaa khót
Tunfisch (m)	ปลาทูน่า	bplaa thoo-nâa
Forelle (f)	ปลาเทราท์	bplaa thrau

Aal (m)	ปลาไหล	bplaa lǎi
Zitterrochen (m)	ปลากระเบนไฟฟ้า	bplaa grà-bayn-fai-fáa
Muräne (f)	ปลาไหลมอเรย์	bplaa lǎi mor-ray
Piranha (m)	ปลาปิรันยา	bplaa bpì-ran-yâa

Hai (m)	ปลาฉลาม	bplaa chà-lăam
Delfin (m)	โลมา	loh-maa
Wal (m)	วาฬ	waan

Krabbe (f)	ปู	bpoo
Meduse (f)	แมงกะพรุน	maeng gà-phrun
Krake (m)	ปลาหมึก	bplaa mèuk

Seestern (m)	ปลาดาว	bplaa daao
Seeigel (m)	หอยเม่น	hǒi mâyn
Seepferdchen (n)	ม้าน้ำ	máa nám

Auster (f)	หอยนางรม	hǒi naang rom
Garnele (f)	กุ้ง	gûng
Hummer (m)	กุ้งมังกร	gûng mang-gon
Languste (f)	กุ้งมังกร	gûng mang-gon

140. Amphibien Reptilien

Schlange (f)	งู	ngoo
Gift-, giftig	พิษ	phít
Viper (f)	งูแมวเซา	ngoo maew sao
Kobra (f)	งูเห่า	ngoo hào
Python (m)	งูเหลือม	ngoo lěuam
Boa (f)	งูโบอา	ngoo boh-aa
Ringelnatter (f)	งูเล็กที่ไม่เป็นอันตราย	ngoo lék thêe mâi bpen an-dtà-raai

| Klapperschlange (f) | งูหางกระดิ่ง | ngoo hǎang grà-dìng |
| Anakonda (f) | งูอนาคอนดา | ngoo a -naa-khon-daa |

Eidechse (f)	กิ้งก่า	gîng-gàa
Leguan (m)	อีกัวนา	ee gua naa
Waran (m)	กิ้งกามอนิเตอร์	gîng-gàa mor-ní-dtêr
Salamander (m)	ซาลาแมนเดอร์	saa-laa-maen-dêr
Chamäleon (n)	กิ้งกาคามิเลียน	gîng-gàa khaa-mí-lian
Skorpion (m)	แมงป่อง	maeng bpòrng

Schildkröte (f)	เต่า	dtào
Frosch (m)	กบ	gòp
Kröte (f)	คางคก	khaang-kók
Krokodil (n)	จระเข้	jor-rá-khây

141. Insekten

Insekt (n)	แมลง	má-laeng
Schmetterling (m)	ผีเสื้อ	phěe sêua
Ameise (f)	มด	mót
Fliege (f)	แมลงวัน	má-laeng wan
Mücke (f)	ยุง	yung
Käfer (m)	แมลงปีกแข็ง	má-laeng bpèek khǎeng

Wespe (f)	ตัวต่อ	dtòr
Biene (f)	ผึ้ง	phêung
Hummel (f)	ผึ้งบัมเบิลบี	phêung bam-bern bee
Bremse (f)	เหลือบ	lèuap

| Spinne (f) | แมงมุม | maeng mum |
| Spinnennetz (n) | ใยแมงมุม | yai maeng mum |

Libelle (f)	แมลงปอ	má-laeng bpor
Grashüpfer (m)	ตั๊กแตน	dták-gà-dtaen
Schmetterling (m)	ผีเสื้อกลางคืน	phěe sêua glaang kheun

Schabe (f)	แมลงสาบ	má-laeng sàap
Zecke (f)	เห็บ	hèp
Floh (m)	หมัด	màt
Kriebelmücke (f)	ริน	rín

Heuschrecke (f)	ตั๊กแตน	dták-gà-dtaen
Schnecke (f)	หอยทาก	hǒi thâak
Heimchen (n)	จิ้งหรีด	jîng-rèet
Leuchtkäfer (m)	หิงห้อย	hìng-hôi
Marienkäfer (m)	แมลงเต่าทอง	má-laeng dtào thorng
Maikäfer (m)	แมงอีนูน	maeng ee noon

Blutegel (m)	ปลิง	bpling
Raupe (f)	บุ้ง	bûng
Wurm (m)	ไส้เดือน	sâi deuan
Larve (f)	ตัวอ่อน	dtua òrn

Flora

142. Bäume

Baum (m)	ต้นไม้	dtôn máai
Laub-	ผลัดใบ	phlàt bai
Nadel-	สน	sŏn
immergrün	ซึ่งเขียวชอุ่มตลอดปี	sêung khĭeow chá-ùm dtà-lòrt bpee
Apfelbaum (m)	ต้นแอปเปิ้ล	dtôn àep-bpêrn
Birnbaum (m)	ต้นแพร	dtôn phae
Süßkirschbaum (m)	ต้นเชอร์รี่ป่า	dtôn cher-rêe bpàa
Sauerkirschbaum (m)	ต้นเชอร์รี่	dtôn cher-rêe
Pflaumenbaum (m)	ตนพลัม	dtôn phlam
Birke (f)	ต้นเบิร์ช	dtôn bèrt
Eiche (f)	ต้นโอ๊ค	dtôn óhk
Linde (f)	ตนไม้ดอกเหลือง	dtôn máai dòrk lĕuang
Espe (f)	ต้นแอสเพน	dtôn ae sà-phayn
Ahorn (m)	ตนเมเปิ้ล	dtôn may bpêrn
Fichte (f)	ต้นเฟอร์	dtôn fer
Kiefer (f)	ต้นเกี๊ยะ	dtôn gía
Lärche (f)	ตนลาร์ช	dtôn lâat
Tanne (f)	ต้นเฟอร์	dtôn fer
Zeder (f)	ตนซีดาร์	dtôn-see-daa
Pappel (f)	ต้นปอปลาร์	dtôn bpor-bplaa
Vogelbeerbaum (m)	ตนโรวัน	dtôn-roh-waen
Weide (f)	ต้นวิลโลว์	dtôn win-loh
Erle (f)	ตนอัลเดอร์	dtôn an-dêr
Buche (f)	ต้นบีช	dtôn bèet
Ulme (f)	ตนเอลม	dtôn elm
Esche (f)	ต้นแอช	dtôn aesh
Kastanie (f)	ตนเกาลัด	dtôn gao lát
Magnolie (f)	ต้นแมกโนเลีย	dtôn mâek-noh-lia
Palme (f)	ต้นปาล์ม	dtôn bpaam
Zypresse (f)	ตนไซเปรส	dtôn-sai-bpràyt
Mangrovenbaum (m)	ต้นโกงกาง	dtôn gohng gaang
Baobab (m)	ต้นเบาบับ	dtôn bao-bàp
Eukalyptus (m)	ต้นยูคาลิปตัส	dtôn yoo-khaa-líp-dtàt
Mammutbaum (m)	ตนสนซีควัยยา	dtôn sŏn see kua yaa

143. Büsche

Strauch (m)	พุ่มไม้	phûm máai
Gebüsch (n)	ตันไม้พุ่ม	dtôn máai phûm
Weinstock (m)	ต้นองุ่น	dtôn a-ngùn
Weinberg (m)	ไร่องุ่น	râi a-ngùn
Himbeerstrauch (m)	พุ่มราสเบอร์รี่	phûm râat-ber-rêe
schwarze Johannisbeere (f)	พุ่มแบล็คเคอร์แรนท์	phûm blàek-khêr-raen
rote Johannisbeere (f)	พุ่มเรดเคอร์แรนท์	phûm râyt-khêr-raen
Stachelbeerstrauch (m)	พุ่มกูสเบอร์รี่	phûm gòot-ber-rêe
Akazie (f)	ต้นอาเคเซีย	dtôn aa-khay-chia
Berberitze (f)	ตนบารเบอร์รี่	dtôn baa-ber-rêe
Jasmin (m)	มะลิ	má-lí
Wacholder (m)	ต้นจูนิเปอร์	dtôn joo-ní-bper
Rosenstrauch (m)	พุ่มกุหลาบ	phûm gù làap
Heckenrose (f)	พุ่มดอกโรส	phûm dòrk-rôht

144. Obst. Beeren

Frucht (f)	ผลไม้	phŏn-lá-máai
Früchte (pl)	ผลไม้	phŏn-lá-máai
Apfel (m)	แอปเปิ้ล	àep-bpêrn
Birne (f)	ลูกแพร	lôok phae
Pflaume (f)	พลัม	phlam
Erdbeere (f)	สตรอว์เบอร์รี่	sà-dtror-ber-rêe
Sauerkirsche (f)	เชอรี่	cher-rêe
Süßkirsche (f)	เชอรี่ป่า	cher-rêe bpàa
Weintrauben (pl)	องุ่น	a-ngun
Himbeere (f)	ราสเบอร์รี่	râat-ber-rêe
schwarze Johannisbeere (f)	แบล็คเคอร์แรนท์	blàek khêr-raen
rote Johannisbeere (f)	เรดเคอร์แรนท์	râyt-khêr-raen
Stachelbeere (f)	กูสเบอร์รี่	gòot-ber-rêe
Moosbeere (f)	แครนเบอร์รี่	khraen-ber-rêe
Apfelsine (f)	ส้ม	sôm
Mandarine (f)	สมแมนดาริน	sôm maen daa rin
Ananas (f)	สับปะรด	sàp-bpà-rót
Banane (f)	กล้วย	glûay
Dattel (f)	อินทผลัม	in-thá-phâ-lam
Zitrone (f)	เลมอน	lay-mon
Aprikose (f)	แอปริคอท	ae-bprì-khôrt
Pfirsich (m)	ลูกทอ	lôok thór
Kiwi (f)	กีวี	gee wee
Grapefruit (f)	สมโอ	sôm oh
Beere (f)	เบอร์รี่	ber-rêe

139

Beeren (pl)	เบอร์รี่	ber-rêe
Preiselbeere (f)	คาวเบอร์รี่	khaao-ber-rêe
Walderdbeere (f)	สตรอว์เบอร์รี่ป่า	sá-dtrorw ber-rêe bpàa
Heidelbeere (f)	บิลเบอร์รี่	bil-ber-rêe

145. Blumen. Pflanzen

Blume (f)	ดอกไม้	dòrk máai
Blumenstrauß (m)	ช่อดอกไม้	chôr dòrk máai
Rose (f)	ดอกกุหลาบ	dòrk gù làap
Tulpe (f)	ดอกทิวลิป	dòrk thiw-líp
Nelke (f)	ดอกคาร์เนชั่น	dòrk khaa-nay-chân
Gladiole (f)	ดอกแกลดิโอลัส	dòrk gaen-dì-oh-lát
Kornblume (f)	ดอกคอร์นฟลาวเวอร์	dòrk khon-flaao-wer
Glockenblume (f)	ดอกระฆัง	dòrk rá-khang
Löwenzahn (m)	ดอกแดนดิไลออน	dòrk daen-dì-lai-on
Kamille (f)	ดอกคาโมมายล	dòrk khaa-moh maai
Aloe (f)	ว่านหางจระเข้	wâan-hăang-jor-rá-khây
Kaktus (m)	ตะบองเพชร	dtà-bong-phét
Gummibaum (m)	ต้นเลียบ	dtôn lîap
Lilie (f)	ดอกลิลี่	dòrk lí-lêe
Geranie (f)	ดอกเจอราเนียม	dòrk jer-raa-niam
Hyazinthe (f)	ดอกไฮอะซินท์	dòrk hai-a-sin
Mimose (f)	ดอกไมยราบ	dòrk mai râap
Narzisse (f)	ดอกนาร์ซิสซัส	dòrk naa-sít-sát
Kapuzinerkresse (f)	ดอกแนสเตอร์ชัม	dòrk nâet-dtêr-cham
Orchidee (f)	ดอกกล้วยไม้	dòrk glûay máai
Pfingstrose (f)	ดอกโบตั๋น	dòrk boh-dtăn
Veilchen (n)	ดอกไวโอเล็ต	dòrk wai-oh-lét
Stiefmütterchen (n)	ดอกแพนซี	dòrk phaen-see
Vergissmeinnicht (n)	ดอกฟอรเก็ตมีน็อต	dòrk for-gèt-mee-nót
Gänseblümchen (n)	ดอกเดซี	dòrk day see
Mohn (m)	ดอกป๊อปปี้	dòrk bpóp-bpêe
Hanf (m)	กัญชา	gan chaa
Minze (f)	สะระแหน	sà-rá-nàe
Maiglöckchen (n)	ดอกลิลลี่แห่งหุบเขา	dòrk lí-lá-lêe hàeng hùp khăo
Schneeglöckchen (n)	ดอกหยาดหิมะ	dòrk yàat hì-má
Brennnessel (f)	ตำแย	dtam-yae
Sauerampfer (m)	ชอร์เรล	sor-rayn
Seerose (f)	บัว	bua
Farn (m)	เฟิร์น	fern
Flechte (f)	ไลเคน	lai-khayn
Gewächshaus (n)	เรือนกระจก	reuan grà-jòk
Rasen (m)	สนามหญ้า	sà-năam yâa

Blumenbeet (n)	สนามดอกไม้	sà-năam-dòrk-máai
Pflanze (f)	พืช	phêut
Gras (n)	หญ้า	yâa
Grashalm (m)	ใบหญ้า	bai yâa

Blatt (n)	ใบไม้	bai máai
Blütenblatt (n)	กลีบดอก	glèep dòrk
Stiel (m)	ลำต้น	lam dtôn
Knolle (f)	หัวใต้ดิน	hŭa dtâi din

| Jungpflanze (f) | ต้นอ่อน | dtôn òrn |
| Dorn (m) | หนาม | năam |

blühen (vi)	บาน	baan
welken (vi)	เหี่ยว	hìeow
Geruch (m)	กลิ่น	glìn
abschneiden (vt)	ตัด	dtàt
pflücken (vt)	เด็ด	dèt

146. Getreide, Körner

Getreide (n)	เมล็ด	má-lét
Getreidepflanzen (pl)	ธัญพืช	than-yá-phêut
Ähre (f)	รวงขาว	ruang khâao

Weizen (m)	ข้าวสาลี	khâao sǎa-lee
Roggen (m)	ข้าวไรย์	khâao rai
Hafer (m)	ข้าวโอต	khâao óht
Hirse (f)	ข้าวฟาง	khâao fâang
Gerste (f)	ขาวบาร์เลย์	khâao baa-lây

Mais (m)	ข้าวโพด	khâao-phôht
Reis (m)	ขาว	khâao
Buchweizen (m)	บัควีท	bàk-wêet

Erbse (f)	ถั่วลันเตา	thùa-lan-dtao
weiße Bohne (f)	ถั่วรูปไต	thùa rôop dtai
Sojabohne (f)	ถั่วเหลือง	thùa lěuang
Linse (f)	ถั่วเลนทิล	thùa layn thin
Bohnen (pl)	ถั่ว	thùa

LÄNDER. NATIONALITÄTEN

147. Westeuropa

Europa (n)	ยุโรป	yú-ròhp
Europäische Union (f)	สหภาพยุโรป	sà-hà phâap yú-rôhp
Österreich	ประเทศออสเตรีย	bprà-thâyt òt-dtria
Großbritannien	บริเตนใหญ่	brì-dtayn yài
England	ประเทศอังกฤษ	bprà-thâyt ang-grìt
Belgien	ประเทศเบลเยียม	bprà-thâyt bayn-yiam
Deutschland	ประเทศเยอรมนี	bprà-thâyt yer-rá-ma-nee
Niederlande (f)	ประเทศเนเธอร์แลนด์	bprà-thâyt nay-ther-laen
Holland (n)	ประเทศฮอลแลนด์	bprà-thâyt hon-laen
Griechenland	ประเทศกรีซ	bprà-thâyt grèet
Dänemark	ประเทศเดนมาร์ก	bprà-thâyt dayn-màak
Irland	ประเทศไอร์แลนด์	bprà-thâyt ai-laen
Island	ประเทศไอซ์แลนด์	bprà-thâyt ai-laen
Spanien	ประเทศสเปน	bprà-thâyt sà-bpayn
Italien	ประเทศอิตาลี	bprà-thâyt i-dtaa-lee
Zypern	ประเทศไซปรัส	bprà-thâyt sai-bpràt
Malta	ประเทศมอลตา	bprà-thâyt mon-dtaa
Norwegen	ประเทศนอร์เวย์	bprà-thâyt nor-way
Portugal	ประเทศโปรตุเกส	bprà-thâyt bproh-dtù-gàyt
Finnland	ประเทศฟินแลนด์	bprà-thâyt fin-laen
Frankreich	ประเทศฝรั่งเศส	bprà-thâyt fà-ràng-sàyt
Schweden	ประเทศสวีเดน	bprà-thâyt sà-wĕe-dayn
Schweiz (f)	ประเทศสวิตเซอร์แลนด์	bprà-thâyt sà-wìt-sêr-laen
Schottland	ประเทศสก็อตแลนด์	bprà-thâyt sà-gòt-laen
Vatikan (m)	นครรัฐวาติกัน	ná-khon rát waa-dtì-gan
Liechtenstein	ประเทศลิกเตนสไตน์	bprà-thâyt lík-tay-ná-sà-dtai
Luxemburg	ประเทศลักเซมเบิร์ก	bprà-thâyt lák-saym-bèrk
Monaco	ประเทศโมนาโก	bprà-thâyt moh-naa-goh

148. Mittel- und Osteuropa

Albanien	ประเทศแอลเบเนีย	bprà-thâyt aen-bay-nia
Bulgarien	ประเทศบัลแกเรีย	bprà-thâyt ban-gae-ria
Ungarn	ประเทศฮังการี	bprà-thâyt hang-gaa-ree
Lettland	ประเทศลัตเวีย	bprà-thâyt lát-wia
Litauen	ประเทศลิทัวเนีย	bprà-thâyt lí-thua-nia
Polen	ประเทศโปแลนด์	bprà-thâyt bpoh-laen

Rumänien	ประเทศโรมาเนีย	bprà-thâyt roh-maa-nia
Serbien	ประเทศเซอร์เบีย	bprà-thâyt sêr-bia
Slowakei (f)	ประเทศสโลวาเกีย	bprà-thâyt sà-loh-waa-gia

Kroatien	ประเทศโครเอเชีย	bprà-thâyt khroh-ay-chia
Tschechien	ประเทศเช็กเกีย	bprà-thâyt chék-gia
Estland	ประเทศเอสโตเนีย	bprà-thâyt àyt-dtoh-nia

Bosnien und Herzegowina	ประเทศบอสเนีย และเฮอร์เซโกวินา	bprà-thâyt bòt-nia láe her-say-goh-wí-naa
Makedonien	ประเทศมาซิโดเนีย	bprà-thâyt maa-sí-doh-nia
Slowenien	ประเทศสโลวีเนีย	bprà-thâyt sà-loh-wee-nia
Montenegro	ประเทศ มอนเตเนโกร	bprà-thâyt mon-dtay-nay-groh

149. Frühere UdSSR Republiken

Aserbaidschan	ประเทศอาเซอร์ไบจาน	bprà-thâyt aa-sêr-bai-jaan
Armenien	ประเทศอาร์เมเนีย	bprà-thâyt aa-may-nia

Weißrussland	ประเทศเบลารุส	bprà-thâyt blao-rút
Georgien	ประเทศจอร์เจีย	bprà-thâyt jor-jia
Kasachstan	ประเทศคาซัคสถาน	bprà-thâyt khaa-sák-sà-thǎan
Kirgisien	ประเทศ คีร์กีซสถาน	bprà-thâyt khee-gèet--à-thǎan
Moldawien	ประเทศมอลโดวา	bprà-thâyt mon-doh-waa

Russland	ประเทศรัสเซีย	bprà-thâyt rát-sia
Ukraine (f)	ประเทศยูเครน	bprà-thâyt yoo-khrayn

Tadschikistan	ประเทศทาจิกิสถาน	bprà-thâyt thaa-jì-gìt-thǎan
Turkmenistan	ประเทศ เติร์กเมนิสถาน	bprà-thâyt dtèrk-may-nít-thǎan
Usbekistan	ประเทศอุซเบกิสถาน	bprà-thâyt ùt-bay-gìt-thǎan

150. Asien

Asien	เอเชีย	ay-chia
Vietnam	ประเทศเวียดนาม	bprà-thâyt wîat-naam
Indien	ประเทศอินเดีย	bprà-thâyt in-dia
Israel	ประเทศอิสราเอล	bprà-thâyt ìt-sà-rǎa-ayn

China	ประเทศจีน	bprà-thâyt jeen
Libanon (m)	ประเทศเลบานอน	bprà-thâyt lay-baa-non
Mongolei (f)	ประเทศมองโกเลีย	bprà-thâyt mong-goh-lia

Malaysia	ประเทศมาเลเซีย	bprà-thâyt maa-lay-sia
Pakistan	ประเทศปากีสถาน	bprà-thâyt bpaa-gèet-thǎan

Saudi-Arabien	ประเทศ ซาอุดีอาระเบีย	bprà-thâyt saa-u-dì aa-ra--bia
Thailand	ประเทศไทย	bprà-tâyt thai

Taiwan	ไต้หวัน	dtâi-wǎn
Türkei (f)	ประเทศตุรกี	bprà-thâyt dtù-rá-gee
Japan	ประเทศญี่ปุ่น	bprà-thâyt yêe-bpùn
Afghanistan	ประเทศอัฟกานิสถาน	bprà-thâyt àf-gaa-nít-thǎan
Bangladesch	ประเทศบังคลาเทศ	bprà-thâyt bang-khlaa-thâyt
Indonesien	ประเทศอินโดนีเซีย	bprà-thâyt in-doh-nee-sia
Jordanien	ประเทศจอร์แดน	bprà-thâyt jor-daen
Irak	ประเทศอิรัก	bprà-thâyt i-rák
Iran	ประเทศอิหราน	bprà-thâyt i-ràan
Kambodscha	ประเทศกัมพูชา	bprà-thâyt gam-phoo-chaa
Kuwait	ประเทศคูเวต	bprà-thâyt khoo-wâyt
Laos	ประเทศลาว	bprà-thâyt laao
Myanmar	ประเทศเมียนมาร์	bprà-thâyt mian-maa
Nepal	ประเทศเนปาล	bprà-thâyt nay-bpaan
Vereinigten Arabischen Emirate	สหรัฐอาหรับเอมิเรตส์	sà-hà-rát aa-ràp ay-mí-râyt
Syrien	ประเทศซีเรีย	bprà-thâyt see-ria
Palästina	ปาเลสไตน์	bpaa-lâyt-dtai
Südkorea	เกาหลีใต้	gao-lěe dtâi
Nordkorea	เกาหลีเหนือ	gao-lěe něua

151. Nordamerika

Die Vereinigten Staaten	สหรัฐอเมริกา	sà-hà-rát a-may-rí-gaa
Kanada	ประเทศแคนาดา	bprà-thâyt khae-naa-daa
Mexiko	ประเทศเม็กซิโก	bprà-thâyt mék-sí-goh

152. Mittel- und Südamerika

Argentinien	ประเทศอาร์เจนตินา	bprà-thâyt aa-jayn-dtì-naa
Brasilien	ประเทศบราซิล	bprà-thâyt braa-sin
Kolumbien	ประเทศโคลัมเบีย	bprà-thâyt khoh-lam-bia
Kuba	ประเทศคิวบา	bprà-thâyt khiw-baa
Chile	ประเทศชิลี	bprà-thâyt chí-lee
Bolivien	ประเทศโบลิเวีย	bprà-thâyt boh-lí-wia
Venezuela	ประเทศเวเนซุเอลา	bprà-thâyt way-nay-sú-ay-laa
Paraguay	ประเทศปารากวัย	bprà-thâyt bpaa-raa-gwai
Peru	ประเทศเปรู	bprà-thâyt bpay-roo
Suriname	ประเทศซูรินาม	bprà-thâyt soo-rí-naam
Uruguay	ประเทศอุรุกวัย	bprà-thâyt u-rúk-wai
Ecuador	ประเทศเอกวาดอร์	bprà-thâyt ay-gwaa-dor
Die Bahamas	ประเทศบาฮามาส	bprà-thâyt baa-haa-mâat
Haiti	ประเทศเฮติ	bprà-thâyt hay-dtì
Dominikanische Republik	สาธารณรัฐ โดมินิกัน	sǎa-thaa-rá-ná rát doh-mí-ní-gan

Panama	ประเทศปานามา	bprà-thâyt bpaa-naa-maa
Jamaika	ประเทศจาเมกา	bprà-thâyt jaa-may-gaa

153. Afrika

Ägypten	ประเทศอียิปต์	bprà-thâyt bprà-thâyt ee-yíp
Marokko	ประเทศมอร็อคโค	bprà-thâyt mor-rók-khoh
Tunesien	ประเทศตูนิเซีย	bprà-thâyt dtoo-ní-sia

Ghana	ประเทศกานา	bprà-thâyt gaa-naa
Sansibar	ประเทศแซนซิบาร์	bprà-thâyt saen-sí-baa
Kenia	ประเทศเคนยา	bprà-thâyt khayn-yâa
Libyen	ประเทศลิเบีย	bprà-thâyt lí-bia
Madagaskar	ประเทศมาดากัสการ์	bprà-thâyt maa-daa-gàt-gaa

Namibia	ประเทศนามิเบีย	bprà-thâyt naa-mí-bia
Senegal	ประเทศเซเนกัล	bprà-thâyt say-nay-gan
Tansania	ประเทศแทนซาเนีย	bprà-thâyt thaen-saa-nia
Republik Südafrika	ประเทศแอฟริกาใต	bprà-thâyt àef-rí-gaa dtâi

154. Australien. Ozeanien

Australien	ประเทศออสเตรเลีย	bprà-thâyt òt-dtray-lia
Neuseeland	ประเทศนิวซีแลนด์	bprà-thâyt niw-see-laen

Tasmanien	ประเทศแทสเมเนีย	bprà-thâyt thâet-may-nia
Französisch-Polynesien	เฟรนช์โปลินีเซีย	frayn-bpoh-lí-nee-sia

155. Städte

Amsterdam	อัมสเตอร์ดัม	am-sà-dtêr-dam
Ankara	อังคารา	ang-khaa-raa
Athen	เอเธนส	ay-thayn

Bagdad	แบกแดด	bàek-dàet
Bangkok	กรุงเทพฯ	grung thâyp
Barcelona	บาร์เซโลนา	baa-say-loh-naa
Beirut	เบรุต	bay-rút
Berlin	เบอรลิน	ber-lin

Bombay	มุมไบ	mum-bai
Bonn	บอนน	bon
Bordeaux	บอร์โด	bor doh
Bratislava	บราติสลาวา	braa-dtìt-laa-waa
Brüssel	บรัสเซล	bràt-sayn
Budapest	บูดาเปส	boo-daa-bpàyt
Bukarest	บูคาเรสต	boo-khaa-râyt

Chicago	ชิคาโก	chí-khaa-goh
Daressalam	ดารเอสซาลาม	daa-àyt saa laam

Delhi	เดลี	day-lee
Den Haag	เดอะเฮก	dùh hêyk
Dubai	ดูไบ	doo-bai
Dublin	ดับลิน	dàp-lin
Düsseldorf	ดุสเซลดอร์ฟ	dùt-sayn-dòf

Florenz	ฟลอเรนซ์	flor-rayn
Frankfurt	แฟรงคเฟิร์ท	fraeng-fêrt
Genf	เจนีวา	jay-nee-waa

Hamburg	แฮมเบิร์ก	haem-bèrk
Hanoi	ฮานอย	haa-noi
Havanna	ฮาวานา	haa waa-naa
Helsinki	เฮลซิงกิ	hayn-sing-gì
Hiroshima	ฮิโรชิมา	hí-roh-chí-mâa
Hongkong	ฮองกง	hôrng-gong
Istanbul	อิสตันบูล	ìt-dtan-boon
Jerusalem	เยรูซาเลม	yay-roo-saa-laym

Kairo	ไคโร	khai-roh
Kalkutta	คัลคัตตา	khan-khát-dtaa
Kiew	เคียฟ	khîaf
Kopenhagen	โคเปนเฮเกน	khoh-bpayn-hay-gayn
Kuala Lumpur	กัวลาลัมเปอร์	gua-laa lam-bper

Lissabon	ลิสบอน	lít-bon
London	ลอนดอน	lon-don
Los Angeles	ลอสแองเจลิส	lôt-aeng-jay-lít
Lyon	ลียง	lee-yong

Madrid	มาดริด	maa-drìt
Marseille	มารกเซย	màak-soie
Mexiko-Stadt	เม็กซิโกซิตี้	mék-sí-goh sí-dtêe
Miami	ไมอามี่	mai-aa-mêe
Montreal	มอนทรีออล	mon-three-on
Moskau	มอสโกว	mor-sà-goh
München	มิวนิค	miw-ník

Nairobi	ไนโรบี	nai-roh-bee
Neapel	เนเปิลส์	nay-bpern
New York	นิวยอรค	niw-yôk
Nizza	นิช	nít
Oslo	ออสโล	òrt-loh
Ottawa	ออตตาวา	òt-dtaa-waa

Paris	ปารีส	bpaa-rêet
Peking	ปักกิ่ง	bpàk-gìng
Prag	ปราก	bpràak
Rio de Janeiro	ริโอเอจาเนโร	rí-oh-ay jaa-nay-roh
Rom	โรม	rohm

Sankt Petersburg	เซนต์ปีเตอร์สเบิร์ก	sayn bpì-dtèrt-bèrk
Schanghai	เซี่ยงไฮ	sîang-hái
Seoul	โซล	sohn
Singapur	สิงคโปร์	sǐng-khá-bpoh
Stockholm	สต็อกโฮลม	sà-dtòk-hohm

Sydney	ชิดนีย์	sít-nee
Taipeh	ไทเป	thai-bpay
Tokio	โตเกียว	dtoh-gieow
Toronto	โตรอนโต	dtoh-ron-dtoh
Venedig	เวนิส	way-nít
Warschau	วอร์ซอว์	wor-sor
Washington	วอชิงตัน	wor ching dtan
Wien	เวียนนา	wian-naa

www.ingramcontent.com/pod-product-compliance
Lightning Source LLC
Chambersburg PA
CBHW070555050426
42450CB00011B/2878